Rosie Rushton
Halt dich da raus, Mama!

Rosie Rushton

Halt dich da raus, Mama!

Aus dem Englischen von
Nina Schindler

C. Bertelsmann

Umwelthinweis:
Dieses Buch wurde auf chlorfrei gebleichtem
Papier gedruckt. Die Einschrumpffolie
(zum Schutz vor Verschmutzung)
besteht aus umweltschonender und
recyclingfähiger PE-Folie.

Gesetzt nach den Regeln der Rechtschreibreform

1. Auflage 1998
© 1996 der Originalausgabe Rosie Rushton
© 1998 für die deutschsprachige Ausgabe
C. Bertelsmann Jugendbuch Verlag GmbH, München
Die Originalausgabe erschien unter dem Titel
»How Could You Do This to Me, Mum?«
bei Piccadilly Press, London
Alle Rechte vorbehalten
Übersetzung: Nina Schindler
Lektorat: Kerstin Wendsche
Umschlagabbildung: Sabine Kranz
Umschlaggestaltung: Klaus Renner
kk · Herstellung: Peter Papenbrok
Satz: Uhl + Massopust, Aalen
Druck: Graphischer Großbetrieb Pößneck
ISBN 3-570-12431-2
Printed in Germany

Inhalt

Neujahrsglocken

MEINE VORSÄTZE FÜR DAS NEUE JAHR

* 1. Ich will nie wieder an Jon Joseph denken.

* 2. Ich will nie wieder an den Finger-nägeln knabbern.

* 3. Ich will den Roman beenden.

Unterzeichnet *Laura A. Turnbull*

Laura warf noch einen Blick auf ihre guten Vorsätze und ergriff wieder den Füller. Sie musste noch etwas da reinquetschen – das Allerwichtigste.

* 4. Ich werde bei der Rettung unseres Planeten mithelfen und gegen Tier-quälerei und die Verschwendung unserer natürlichen Ressourcen kämpfen.

Zufrieden überflog sie den letzten Abschnitt. Er klang richtig gut, so wie es sich auch für eine gehörte, die in nicht allzu ferner Zukunft als die neue literarische Entdeckung ihrer Zeit gefeiert werden würde.

Von jetzt an würde ihr Leben anders aussehen, nahm sie sich vor, während sie die ergänzte Liste an dem Pinnbrett aus Kork feststeckte. Daniel hatte ihr einen ersten Einblick in diese Zukunft verschafft.

Während sie auf der Suche nach ihrem Sportzeug im Schrank herumkramte, dachte sie an Daniel Browning, der seit ihrem Umzug in das neue Haus in Barrydale ihr Nachbar war. Am ersten Weihnachtstag hatte er plötzlich vor ihrer Tür gestanden und ihnen eine Einladung von seinen Eltern zu einer Punschparty am Silvesterabend überreicht. Normalerweise wäre Laura weder tot noch lebendig mit ihrer Mutter und Melvyn irgendwohin gegangen, aber dann fiel ihr ein, dass diese Einladung sie davor rettete, am Silvesterabend mit den anderen im *Stomping Ground* rumzuhängen. Jemma, die bis über beide Ohren in Rob verliebt war, hatte ihr erzählt, dass Jon Sumitha eingeladen hatte, und Chelsea schwärmte immerzu nur von dem supertollen Typen, den ihr Bruder über die Weihnachtsferien mitgebracht hatte. Laura fand den Gedanken absolut unerträglich, dass sie vielleicht als Einzige keinen Freund hatte. Und Daniel hatte immerhin einen süßen knackigen Popo und Beine zum Niederknien.

Sie stopfte die Socken in ihre Sporttasche und dachte daran, wie die Party verlaufen war. Ungefähr nach der ersten Hälfte des Abends hatten die Eltern das alberne Stadium erreicht, das vier Gläsern Punsch meistens folgt. Laura wollte sich den peinlichen Anblick von Melvyns Engelbert-Humperdinck-Imitation ersparen und

8

flüchtete in die Küche zum Büfett, um ein paar Hühner-
schenkel zu mopsen.

»Du wirst die Dinger doch nicht wirklich essen,
oder?« Daniel war auf einmal mit einer Schüssel voll in-
discher Gemüsepastetchen hinter ihr aufgetaucht.

»Wie bitte?«, erwiderte sie.

»Fleisch«, zischte Daniel. »Weißt du denn nicht, was
mit den Batteriehühnern passiert? Komm mal mit.«

Er schleppte sie in seine Dachkammer, wo sie zum
ersten Mal diese Poster sah. Überall. »Gegen Tierversuche«, »Rettet die Wale«, »Schützt unseren Wald«,
»Biologischer Anbau von Nahrungsmitteln« – damit
waren seine Wände zugepflastert.

Er ergriff einen Stapel Flugblätter und drückte ihn
ihr in die Hand; schreckliche Fotos von Hühnern, die zu
dutzenden in winzige dunkle Käfige eingesperrt waren,
von Schweinen, die künstlich gemästet wurden, und
Kälbern, die so eng angebunden waren, dass sie nicht
mal mehr den Hals bewegen konnten.

Laura schluckte. »Ich weiß, das ist grässlich«, gab sie
zu. »Aber wenn wir kein Fleisch mehr essen, ändert das
doch gar nichts, nicht wahr?« Denn sie schätzte gutes
Essen sehr.

Daniel hieb mit der Faust auf seinen Schreibtisch.
»Eben weil viel zu viele Leute so denken, geschehen
diese Grausamkeiten immer weiter! Das macht mich so
was von wütend.«

»Was ist das?«, unterbrach ihn Laura und zeigte in
eine Zimmerecke, wo ein großes Stück Pappe an einem
Besenstiel befestigt war.

»Das wird ein Schild für eine Demo vor den Ver-
suchslaboren in Leehampton, die in zwei Wochen statt-
finden soll«, sagte er. »Sie benutzen Tiere für alle möglichen grauenvollen Tests – spritzen ihnen Shampoo in

die Augen und solche Sachen. Mir ist bloß noch nichts Fetziges eingefallen, was ich draufschreiben könnte«, fügte er trübsinnig hinzu.

Laura machte die Augen zu, krauste die Nase und dachte nach.

»Wie wäre es mit ›*Versuchstiere – zum Sterben schön?*‹«, schlug sie vor. »Du verstehst, ja? Es ist eine Anspielung auf ›unsterbliche Schönheit‹.«

»Das ist genial!«, hatte er bewundernd gesagt. »He, warum machst du nicht mit bei der Demo? Wir könnten noch Unterstützung gebrauchen.«

Vielleicht gehe ich wirklich mit, dachte Laura jetzt und warf ein zerknülltes Trikot auf den Boden. Schließlich sah Daniel echt süß aus: dichtes blondes welliges Haar, das man am liebsten mit allen zehn Fingern gekrault hätte. Samtbraune Augen mit winzigen Fältchen an den Winkeln. Er ging zum College und wiederholte gerade seine Prüfungen: Das klang doch wirklich gleich viel besser als ein Freund, der noch Schüler ist. Wenn sie an diesem Samstag mit demonstrieren ging, dann konnte ihre Mutter sie jedenfalls nicht zu dem ansonsten unvermeidlichen Einkaufsbummel durch die Umstands- und Babymodenläden überreden. Laura brauchte einfach ein bisschen Kontrastprogramm zu einer Mutter, die mit jedem Tag einem Nilpferd ähnlicher sah und ihre Zeit mit dem Lesen von schlauen Artikeln über die Vorteile des Stillens totschlug oder vor Begeisterung austickte, wenn sie Mobiles aus Plüschlämmern sah. Laura fiel wieder Daniels Bemerkung während der Party ein.

»Deine Mutter – sag mal, ist die etwa schwanger oder was?«

»Mhm.« Laura hatte eine Grimasse geschnitten. »Soll im März kommen.«

»Heiliger Strohsack! Ist sie nicht schon ein bisschen zu alt für solche Sachen? Findet dein Vater das gut?«

»Melvyn ist nicht mein Vater«, korrigierte Laura eilig.

»Oh, zweite Ehe«, Daniel nickte.

»Nö, sie sind nicht verheiratet, sie leben einfach zusammen.«

Jetzt hatte Daniel eine Grimasse geschnitten.

»Und was passt dir daran nicht?«, fuhr Laura ihn an. »Außerdem wollen sie sowieso bald heiraten.«

»Ist ja schon gut, nun reg dich bloß nicht auf.« Daniel lachte. »Mir ist das so oder so egal. Außer natürlich, dass wir gut auf Babys verzichten können bei der Bevölkerungsexplosion, ganz egal, ob ehelich oder unehelich.« Er trank einen Schluck Apfelmost. »Aber wenn das Baby dir ähnlich sieht, wird es bestimmt ne Schönheit.« Und dabei hatte er sie angegrinst.

Laura dachte an das Kompliment und seufzte. Jon hatte noch nie so was Nettes zu ihr gesagt. Hör auf, ermahnte sie sich streng. Denk an deinen Vorsatz Nummer eins. Jon gibt es nicht mehr. Mit Jon war sie endgültig fertig. Weshalb dachte sie dann bloß immer noch ständig an ihn? So was Blödes – jeden Morgen während der ersten Schulwoche hatte sie aus dem Busfenster geschaut, um einen Blick auf ihn zu erhaschen. Und warum hatte ihr Magen bei seinem Anblick jedes Mal einen Hüpfer gemacht? Aber von nun an würde sie ihre gesammelte Aufmerksamkeit einer wirklich lohnenden Sache widmen. Laura Turnbull würde mit der Rettung des Planeten Erde beginnen.

Chelsea träumt

Drüben in Thorburn Crescent drehten sich Chelsea Gees Gedanken um eine weniger edle Angelegenheit. Sie hatte sich aufs Bett gefläzt und versuchte mit Hilfe der Illustrierten KREISCH! ihre eigene kleine Welt zu ordnen. Dabei half ihr die Extrabeilage »Horoskop für das Neue Jahr«.

WAHRSAGERIN SANDY
enthüllt, was die Sterne im Neuen Jahr für Sie bereithalten

WASSERMANN (21. Januar–19. Februar)

Momentan fühlen Sie sich ein wenig ungerecht behandelt, aber das ist kein Grund zum Verzweifeln – das Leben ist nun mal kein ununterbrochenes Fest und bald winkt Ihnen auch wieder das Glück: Sie gewinnen neue Freunde und machen neue Erfahrungen. Das könnte sogar *Ihr* Jahr werden! Aber achten Sie darauf, dass Sie sich nicht mehr aufladen, als Sie auch tragen können, und manchmal trügt der Schein! In der Zwischenzeit seien Sie dankbar für die kleinen Freuden des Alltags und denken Sie daran, dass Sie von lieben Menschen umringt sind – also Schluss mit dem Trübsalblasen und genießen Sie Ihr Glück!

»Pöh, was weiß denn die schon!«, knurrte Chelsea und schleuderte die Illustrierte quer durchs Zimmer. Sie wusste, sie sollte eigentlich ihre Schulsachen packen und ihre Französischhausaufgabe machen, aber da in letzter Zeit eh alles schief lief, was sie in Angriff nahm, wollte sie lieber gar nichts mehr tun.

Das Leben war einfach grässlich. Diese Sandy hatte gut reden von wegen »dankbar für die kleinen Freuden sein«. Sie war bestimmt keine fast Fünfzehnjährige, deren Eltern sich nicht nur weigerten, ihr zum Geburtstag eine neue Stereoanlage zu kaufen, sondern die ihr auch noch aus Kostengründen nicht erlaubt hatten, eine Party zu geben. Ihre Begründung dafür war, dass gerade erst Weihnachten gewesen sei und sie sparen müssten und dass Chelsea deshalb mit einer Einladung ins Restaurant zufrieden sein sollte.

Aber eine Party machte sowieso nicht besonders viel Sinn, wenn man keinen Freund hatte. Sie kriegte immer noch Knoten im Magen, wenn sie daran dachte, wie Rob vor den Weihnachtsferien auf einmal mit Jemma losgezogen war. Dann hatte er auch noch die Frechheit besessen und behauptet, Chelsea würde sich ihm zu sehr an den Hals schmeißen. Nur weil sie eine starke Persönlichkeit war. Jetzt hatte vor einer Woche die Schule wieder angefangen und Chelsea konnte Jemmas ewige Schwärmerei kaum noch ertragen: in welchem Film sie mit Rob gewesen war und wie toll Rob war – und dann sagte sie immer: »Ach, tut mir Leid, Chelsea, ich wollte dir nicht zu nahe treten.«

Diese Wahrsagerin hatte ja gar keine Ahnung – Tatsache war, dass niemand Chelsea auch nur das kleinste bisschen lieb hatte. Nicht nur, dass Rob sie verlassen hatte, nein, auch ihre Mutter war viel zu sehr mit dem Schreiben ihrer Zeitungsartikel und dem Moderieren dieser neuen Radiosendung mit Anrufmöglichkeit – »Rettungsanker Ginny« – beschäftigt und hatte außerdem Hitzewallungen und tagelang viel zu schlechte Laune, um von Chelsea Notiz zu nehmen. Außer natürlich, um zu meckern. Dafür hatte sie immer Zeit. Und was Chelseas Vater betraf, so hatte der noch mehr

Schmach und Schande über sie gebracht, als er das Dach seiner Mobilküche mit zwei riesigen Holzlöffeln krönte, auf denen in penetranter Leuchtschrift die Speisekarte des Tages zu lesen war. So fuhr er wie ein gewöhnlicher Straßenverkäufer durch die Stadt. Wenn er damit wenigstens massenhaft Geld verdient hätte: das hätte die Schande etwas erträglicher gemacht.

Als Geneva zu Heiligabend aus Mombasa anrief, waren die Eltern vor Begeisterung ganz aus dem Häuschen gewesen und hatten den ganzen Nachmittag nur darüber geredet, wie toll sie alles machte und wie fleißig sie war und wie mutig sie doch ganz allein nach Afrika gegangen war. Als Warwick erzählte, dass sein altes Fahrrad sich in lauter Einzelteile auflöste und dass er doch irgendwie zu seinen Seminaren fahren musste, hatten sie ihm einen Scheck gegeben und gesagt, er solle sich ein neues Rad kaufen.

Aber wenn Chelsea irgendetwas ganz megadringend brauchte, was passierte dann? »Geld wächst nicht auf Bäumen, Chelsea«, »Finde dich endlich mit der Realität ab, Chelsea«. Sie hassen mich, dachte Chelsea unglücklich.

Für die Eltern war ihr Leben doch nur ein Witz. Als sie ihnen erzählte, dass Rob und sie sich getrennt hatten, hatte ihre Mutter nur gesagt: »Da schwimmen bestimmt noch mehr Fische im Meer herum«, was eine ziemlich blöde Bemerkung für eine war, die jede Woche im Radio die tolle verständnisvolle Mutter mit dem großen Herzen für die Jugend mimte. Und ihr Vater hatte rumgequatscht, dass sie noch das ganze Leben vor sich hätte und sich nicht über solche Banalitäten den Kopf zerbrechen sollte. Was hatten die schon für eine Ahnung?

Sogar ihre Pläne, den supertollen, baumlangen Guy

aus Kalifornien an Land zu ziehen, den ihr Bruder in den Weihnachtsferien mit nach Hause gebracht hatte, waren schief gelaufen. Als er sie gefragt hatte, ob sie ihm zu Silvester nicht mal zeigen könnte, wo die Post abging, hatte sie sich schon am Ziel ihrer Wünsche geglaubt, aber was war dann geschehen? Sie hatte sich stundenlang geschminkt, hatte ihre rot-braunen Locken zu einem komplizierten Aufbau auf den Kopf getürmt, damit sie erwachsener wirkte, und sich mit diesem sündigen neuen Parfum »Attraktion« eingenebelt. Trotz allem hatte Guy schon zehn Minuten nach ihrem Eintreffen zum Gratis-Neujahrs-Swutsch im *Stomping Ground* Ella Barkow erspäht. Ausgerechnet Ella mit der Figur von Claudia Schiffer und dem Hirn einer verkümmerten Erbse, und das war dann so ziemlich das Letzte, was Chelsea an diesem Abend von ihm gesehen hatte. Wenn es Bex nicht gegeben hätte, wäre sie wahrscheinlich sofort wieder heimgegangen. Bex war eine Klasse über Chelsea – das heißt, wenn sie überhaupt mal am Unterricht teilnahm. Sie hatte eine kohlrabenschwarze Stachelfrisur, massenhaft Ohrringe, die Nase gepierct und den Ruf einer Rebellin. Niemand unter Chelseas Bekannten hatte jemals irgendwas mit Bex oder ihrer Truppe zu tun gehabt, die mit gelangweiltem Gesichtsausdruck herumhingen und Kette rauchten. Aber als Chelsea sich an die Wand lehnte, ihre dritte Cola zu strecken versuchte und dabei vermied hinzusehen, wie Rob Jemma anhimmelte, und sich stattdessen Laura herwünschte, ließ Bex sich auf den Platz neben ihr fallen und sagte: »Truc findet dich gut«, als ob da nichts dabei wäre. »Er wollte, dass ich dich rüberhole. Kommste?«

Chelsea hatte nicht die leiseste Ahnung, wer Truc war, aber an einem Abend wie diesem hier war jeder immer noch besser als keiner, dachte sie und folgte Bex zu dem Ecktisch.

»Das ist Truc.« Damit schob sie Chelsea zu einem schlaksigen Typen mit langen verfilzten Haaren hin. Er hatte so viel Schmiedeeisernes an den Ohrmuscheln, dass er damit einen kleinen Haushaltswarenladen hätte aufmachen können.

»Willste tanzen?« Truc hatte mit dem Kopf in Richtung Tanzfläche gezuckt.

»Okay.« Chelsea sah über Trucs Schulter und registrierte befriedigt, dass Guy sie genau beobachtete.

»Was soll das?«, fragte sie Truc, als er seine Arme um ihren Hals legte und sie im Rhythmus der Musik im Kreise zu schwenken begann. Aus dem, was er von sich gab, entnahm sie, dass er arbeitslos war, in U-Bahn-Tunneln Gitarre spielte und darauf wartete, dass er endlich als der größte Rockstar der Neunziger bekannt wurde. Danach hatte er nicht mehr viel gesagt, sondern nur noch hin und her geschwankt. Chelsea war zu dem Schluss gelangt, dass er eigentlich nicht ihr Typ war, aber vielleicht würde Guy durch den Anblick von ihr mit einem anderen Kerl zu heftigster Eifersucht angestachelt. Sie warf einen Blick in die Richtung, wo er mit dem Supermodel ins Gespräch vertieft stand. Anscheinend litt er nicht sehr. Den Rest des Abends verbrachte sie dann mit Bex und ihrer Truppe. Es hatte noch einen guten Moment gegeben, als Jemma mit breitem Lächeln angekommen war, Händchen haltend mit Rob, der sie anbetungsvoll angaffte. »Hi, Chelsea, toller Abend, was?«

Chelsea wäre beim Anblick des glücklichen Pärchens am liebsten in Tränen ausgebrochen und fauchte: »Klar, dass du so was toll findest! Für dich ist doch jede Minute fern von Mamas Schürzenzipfel eine Wonne, hä?« Mit großer Zufriedenheit sah sie, wie ihre neuen Kumpel sie kurz bewundernd anschauten. Jemma biss sich auf die Lippen und bekam einen feuerroten Kopf, und Rob zog sie weg, wobei er Chelsea einen Blick zuwarf, der Mordgelüste verriet.

»Kumpel von dir?«, fragte Bex.

»Früher mal«, knurrte Chelsea finster.

Eins der Mädchen hieß Fee und ließ sich jetzt lang und breit über soziale Ungerechtigkeit aus und dass sie fände, ihre Eltern wären eine Schande für die Gesellschaft, weil sie zwei Autos und Aktien besaßen und ihre Ferien auf Barbados verbrachten.

»Fee«, sagte Bex voller Bewunderung, »weiß, was sozial abgeht. Haben deine Alten auch Knete?«

Chelsea war sich nicht ganz sicher, wie sie darauf antworten sollte.

»Meine Mutter arbeitet für das ECHO«, wagte sie dann zu äußern, »mein Vater ist ein… äh… Ernährungsberater.«

»Das ist doch nicht etwa diese Ginny Gee, oder?«, fragte Bex. »Die mit der heißen Seufzerleitung?«

Chelsea nickte zögernd. Bex sah beeindruckt aus.

»Pü, gähn«, nölte Fee. »Das ist doch bourgeois, der ganze Mist mit ›wie kommt man mit pampigen Teenagern klar‹…«

»Echt megaöde«, sagte Bex rasch.

Aus den Augenwinkeln hatte Chelsea mitbekommen, dass Guy und das Supermodel in den Clinch gingen. Tja, da hatte sie ihn ja echt rasend eifersüchtig gemacht. Sie war froh, dass der Abend nun auch bald zu Ende ging.

Das dachte sie jedenfalls da noch. Doch als die Fete vorbei war und alle nach draußen drängten, blieb Chelsea urplötzlich wie versteinert stehen.

»Was ist denn los?«, fragte Bex.

»O nein!« Chelsea holte tief Luft.

Auf der gegenüberliegenden Straßenseite parkte die mobile Suppenküche von ihrem Vater und davor auf dem Gehweg stand er mit seiner gestreiften Metzgerschürze und schrie, so laut er konnte: »Kommt und holt euch euer Silvestersüppchen! Gönnt euch einen heißen Start ins neue Jahr! Kommt und – Oh, hallo, Chelsea, können wir dann los?«

»Ist das dein Vater?«, fragten Fee und Bex wie aus einem Munde und grinsten sie höhnisch an.

»Du hast ja gar nicht erzählt, dass er eine Suppenküche hat«, schnarrte Truc verächtlich. Und dann rief er über die Straße: »Hast du auch was übrig für die Armen und Bedürftigen, Kumpel?«

Chelsea hatte sich nicht die Mühe gemacht zu antworten. Sie merkte nur, wie ihr guter Ruf sich in Luft auflöste. Noch nie in ihrem Leben hatte sie sich so geschämt.

Chelseas Gedanken wurden vom Verursacher ihrer Horrorvisionen unterbrochen.

»Chelsea? Chelsea, komm mal runter, bitte. Ich brauche deine Hilfe. Jetzt gleich!«

Chelsea schnitt der geschlossenen Tür eine Fratze und las weiter in ihrem Buch. Nach dem, was ihr Vater ihr angetan hatte, war sie ihm überhaupt keinen Gefallen mehr schuldig.

Dramatische Entwicklungen

Jemma bereitete ihre Lektüre viel mehr Vergnügen als Chelsea.

OLIVE OCKLEY-SCHULE FÜR TANZ UND SCHAUSPIEL

KURSPROGRAMM

1. Schauspiel: 11 bis 16 Jahre
2. Schauspiel: ab 16 Jahre
3. Sprecherziehung: Privatunterricht ab 10 Pfd./Std.
4. Pantomime und Improvisation: ab 13 Jahre
5. Chorgesang: alle Altersstufen
6. Bühnentechnik: ab 12 Jahre

Als Jemma am ersten Samstag nach den Ferien zu der Einführungsstunde kam, hatte Miss Olive zu ihr gesagt: »Ich glaube, Jemma, du besitzt beachtliches Talent. Da lässt sich bestimmt viel draus machen. Ich habe gesehen, wie du auf eurer Schule die Nancy in ›Oliver!‹ gespielt hast, weißt du. Mein Neffe Toby war eins von den Straßenkindern. Sehr gute Besetzung, muss ich sagen!«, fügte sie hinzu und ihr Dreifachkinn wackelte dazu.

Jemma hatte vor Freude gestrahlt. Sie war durch die rasche Entwicklung der Ereignisse immer noch ein wenig wie betäubt. Die alte pummelige Jemma Farrant mit dem Mausehaar und den dicken Oberschenkeln, die vor lauter Schüchternheit nie den Mund aufbekam und von ihrer Mutter wie eine Zweijährige behandelt wurde, gehörte der Vergangenheit an. Sie hatte nicht nur all den Babyspeck verloren, sie war auch dabei, eine Berühmtheit zu werden. Nach ihrer Darbietung als Zweitbesetzung für Mandy Fincham bei der Schulaufführung hatten alle sie mit Komplimenten überschüttet.

Sogar ihr Liebesleben war äußerst zufriedenstellend. Der Silvesterabend mit Rob war super gewesen und er wollte sich wieder mit ihr verabreden. Er hatte ihr sogar gesagt, er fände sie hübsch. Wenn man bedachte, dass die hinreißende, selbstsichere Chelsea Gee mal total verknallt in ihn gewesen war und dass er sich dann aber Jemma als Freundin ausgesucht hatte ... Vielleicht stimmte es ja wirklich – vielleicht hatte sie das gewisse Etwas.

Sie sah im Geiste die großen kühnen Buchstaben in der Fernsehbeilage der TIMES: »Jemma Farrant, der neue Stern am Theaterhimmel, erscheint auf Ihrem Bildschirm als...« Tja, als was wohl? Julia? Ophelia? Oder vielleicht als Emma? Sie lasen im Unterricht gerade die Romane von Jane Austen und sie konnte sich gut vorstellen, wie schön es wäre, in einem Empirekleid herumzuschweben und mit einem Fächer zu spielen. Jemma knallte ihre Schauspielbücher in die Schulmappe. Natürlich würde sie nach den Prüfungen am Ende der zehnten Klasse von der Schule abgehen und nur noch die Schauspielschule besuchen. Dieses Jahr musste sie hart arbeiten. Miss Olive wollte, dass sie an möglichst vielen Kursen teilnahm. Sie musste ihre Eltern dazu bringen, dass sie diese anderen Kurse bezahlten. Gran war echt cool gewesen und hatte ihr den Schauspielunterricht zu Weihnachten geschenkt.

Sie wandte dem Spiegel ihr Profil zu, hob das Kinn und überprüfte ihr Spiegelbild. Jetzt, wo sie abgenommen hatte, sah sie gar nicht mehr so übel aus. Natürlich brauchte sie noch eine Dauerwelle und höchstwahrscheinlich Strähnchen und vielleicht sollte sie ihre Wimpern färben lassen… Sie musste Laura mal fragen, wo die das hatte machen lassen.

»Schätzelchen? Bist du da oben, meine Süße?«, zwitscherte ihre Mutter unten in der Diele. Jemma zuckte zusammen. Als Allererstes musste sie ihrer Mutter beibringen, was Sache war. Sie sollte endlich begreifen, dass Jemma sich auf dem Weg zum Ruhm befand, und ihr dafür Respekt zollen – schließlich hatte Jemma sogar Sumitha bei dem Musical in der Schule ausgestochen, und dabei sang und tanzte Sumitha schon seit Jahren. Wahrscheinlich, dachte Jemma, war das auch der Grund, weshalb Sumitha nach der Aufführung nicht zu der Party gekommen war – sie kam wohl nicht damit klar, dass sie jetzt eine Konkurrentin hatte.

Jemma fasste ihre Haare oben auf dem Kopf zusammen und überlegte dabei, wie sie in einem Kleid mit hoher Taille aussehen würde. Aber ich werde weiterhin nett zu Sumitha sein, dachte sie, es ist ja verständlich, dass sie sich jetzt ein bisschen benachteiligt fühlt, und außerdem möchte ich nicht allein zum Schauspielunterricht gehen.

Doch Sumitha hatte etwas anderes vor.

Sumitha handelt

»Ich sag's nicht noch mal, mach endlich, dass du aus meinem Zimmer rauskommst!«, kreischte Sumitha und schleuderte Band IV der »Schauspielgeschichte« nach ihrem Bruder, der in der Türöffnung stand, sich mit dem linken Fuß das rechte Bein rieb und unglaublich bedauernswert aussah.

»Aber du sollst doch…«, jaulte er.

»Du bist so eine absolute Niete! So ein Feigling!«, brüllte seine Schwester. »Zum allerletzten Mal: Ich habe nicht die geringste Absicht, den Rest des Schuljahres jeden Morgen mit einem Siebtklässler zur Schule zu trotten, und dabei bleibt's!«

Sumitha wusste, dass sie Jon bei gutem Timing auf seinem Weg zum Bellborough-Schulbus treffen würde. Dabei wollte sie aber auf keinen Fall einen Elfjährigen im Schlepptau haben.

»Warum kannst du nicht mit deinen Freunden gehen?«, fragte sie.

»Ich möchte lieber mit dir gehen.« Sandeeps dunkle Augen füllten sich mit Tänen. »Ich mag nicht mit denen gehen.«

»Nun mach aber mal nen Punkt und werde endlich ein bisschen erwachsen, ja?«, fuhr Sumitha ihn an. »Sei doch nicht so ein Baby.«

Sie hielt Sandeeps Klammerei einfach nicht mehr aus. Als er im letzten Schuljahr an die Lee-Hill-Schule gekommen war, hatte ihm der Schulwechsel zuerst großen Spaß gemacht – und dann plötzlich, nach ein paar Monaten, war er wieder zu einem Baby geworden und hatte sich schrecklich aufgeführt: Er wartete nach der Schule auf sie, wollte im Bus neben ihr sitzen und hing wie Sekundenkleber an ihr dran, wenn sie von der Bushaltestelle nach Hause ging. Nach der schrecklichen Geschichte mit Bilu war ihr Sandeep zunächst als Ausrede willkommen gewesen, um nicht ständig mit ihren Freundinnen peinliche Gespräche führen zu müssen. Aber das hatte sie jetzt hinter sich und mittlerweile ging er ihr schrecklich auf den Keks. Die ganze letzte

Woche war er wie ein Hündchen hinter ihr hergeschlichen. Jetzt musste damit endlich mal Schluss sein. Sie wollte in ihrem Leben viele Dinge verändern – und sie wollte mit Jon reden.

Nach dieser schrecklichen Party mit Bilu damals, als sie – total betrunken – geglaubt hatte, sie müsste sterben, hatte sie sich natürlich geschworen, sie würde sich nie mehr mit einem Jungen einlassen. Dann hatte Jon sie zu der Silvesterparty im *Stomping Ground* eingeladen. Eine Hälfte von ihr wollte hingehen, weil sie gern mit Jon zusammen war, die andere hatte Angst vor dem Klatsch der Leute, die sich über die üble Geschichte mit Bilu auslassen und sich über sie lustig machen würden. Deshalb hatte sie abgelehnt und behauptet, sie müsse zu Hause bei ihrer Familie bleiben.

»Na gut«, hatte Jon gesagt. »Wäre es denn in Ordnung, wenn ich dich zu Hause besuchen würde? Auf diese Weise müssten sich deine Eltern nicht aufregen, weil du abends weggehen willst.«

»Du meinst ehrlich, dass du die Party sausen lässt, nur um dir die langweilige Sitarmusik von meinem Vater anzuhören?«, hatte Sumitha verwundert gefragt.

»Wenn das bedeutet, dass ich mit dir zusammen sein kann, dann Ja.« Jon war rot wie eine Tomate geworden und hatte äußerst aufmerksam die Dielen studiert.

Also war sie mit ihm zu der Silvesterparty in den *Stomping Ground* gegangen. Das Beste war, dass sie sich mit Jon richtig gut unterhalten konnte. Nicht nur so rumlabern, sondern über richtig wichtige Dinge reden. Ganz ohne peinliche Untertöne – Jon war einfach ein Freund. Das war alles.

Er hatte ihr erzählt, wie gern er Karikaturist bei einer großen Tageszeitung werden wollte. »Ich möchte politische Karikaturen zeichnen – eine Art Satiriker mit dem Bleistift werden.« (Sumitha hatte »Satiriker« im Lexikon nachgeschlagen, als sie nach Hause kam.) Er erklärte, dass wichtige Themen wie »die multikulturelle Gesellschaft« oder »der Hunger in Afrika« auf den Punkt gebracht werden müssten, weil manche Leute vielleicht eher etwas durch Bilder begriffen als durch Politikerreden.

»Ich möchte einmal einen Beruf ausüben, bei dem ich irgendwie einen Beitrag leisten kann – ach, ich weiß auch nicht, aber Zeichnen ist nun mal das Einzige, was ich gern in meinem Leben machen möchte. Hört sich das bescheuert an?« Er sah sie besorgt an.

»Natürlich nicht«, hatte Sumitha ihm versichert. »Ich finde, es klingt genial.«

Seither hatte Sumitha viel nachgedacht. Ihr war klar geworden, dass Jon sich über vieles, was in der Welt geschah, den Kopf zerbrach und dass er genau wusste, was er einmal mit seinem Leben anfangen wollte. All seine Aktionen hatten nur ein einziges Ziel. Da die Bellborough Court eine Privatschule war, fing für ihn die Schule eine Woche später als an der Lee-Hill-Schule an. Während dieser Zeit hatte Jon sich ein Praktikum bei einer örtlichen Tageszeitung organisiert. Die Art, wie er unbeirrbar sein Ziel verfolgte, ließ ihr eigenes Leben in ihren Augen plötzlich trivial und oberflächlich erscheinen, und jetzt wollte sie gern wissen, was er von ihren neuesten Plänen hielt.

Das klappte aber nicht mit einem kleinen Bruder, der ihr ständig an den Fersen hing.

»Sandeep«, rief sie.

Er erschien im Türrahmen.

»Hier hast du fünfzig Pence – damit du dir auf dem Schulweg ein paar Süßigkeiten kaufen kannst und mich in Ruhe lässt.«

Sandeep schnappte sich die Münze und starrte sie mit einem Ausdruck der Erleichterung an.

»Danke«, er holte tief Luft, »vielen, vielen Dank.«

Na, da bin ich ja billig weggekommen, dachte Sumitha überrascht, dass er sich so rasch auf den Handel eingelassen hatte.

Sie fragte sich jedoch nicht, warum Sandeep die Münze ansah, als ob sie ihm das Leben retten könnte.

Laura wird Öko

»Ich glaube ernsthaft, dass Laura sich allmählich beruhigt hat«, sagte Ruth am Montagmorgen zu Melvyn, als Klänge von »Love You to Pieces« in einer etwas verrutschten Tonart nach oben drangen. »Sie ist doch tatsächlich aufgestanden und nach unten gegangen, ohne dass wir sie alle drei Minuten dazu antreiben mussten.«

»Und wenn ich das ganze Geklapper richtig deute, dann macht sie sogar Frühstück«, sagte Melvyn. »Wunder gibt es immer wieder…«

»Anscheinend hat sie auch nichts mehr gegen das Baby.« Ruth betrachtete ihr verändertes Spiegelbild mit Ungeduld. »Also ehrlich, ich hab die Nase so voll von diesen ewigen Leggins und Riesenpullis – aber alles andere passt nicht mehr.«

»Na, na«, Melvyn küsste sie auf den Nacken, »wenn Tarquin erst mal da ist, kauf ich dir eine ganz neue Garderobe.«

»Du meinst nach Phobes Geburt!«, witzelte Ruth.

»Egal.« Melvyn lächelte. »Jetzt gehen wir mal nachschauen, welche kulinarischen Genüsse deine Tochter uns zum Frühstück bereitet hat.«

»Euch beiden ist echt alles egal, was?«, rief Laura, als die beiden in die Küche kamen. »Daniel sagt, das Überleben dieses Planeten wird genau von Leuten wie euch bedroht.« Sie riss den Deckel vom Abfalleimer und durchwühlte den ziemlich stinkenden Inhalt.

Wahrscheinlich haben wir uns zu früh gefreut, dachte Ruth, während sie vergeblich nach dem Frühstück Ausschau hielt.

»Was haben wir denn angestellt?«, fragte Melvyn.

»Es geht mehr um das, was ihr nicht getan habt«, schnaubte Laura. »Diese Apfelschalen hätten alle auf den Kompost gemusst und …«

»Wir haben keinen Komposthaufen«, argumentierte Melvyn sachlich und legte ein paar Speckscheiben unter den Grill.

»Aber wir sollten gefälligst einen haben!«, verkündete Laura. »Daniel sagt, dass eure Generation als Wegbereiter der Zukunft schlicht versagt hat.«

»Wer ist Daniel?«, erkundigte sich Melvyn.

»Der Junge von nebenan«, erinnerte Ruth ihn. »Du weißt doch, der Sohn von den Brownings – wir haben ihn am Silvesterabend kennen gelernt.«

»Ach, der mit dem Blondschopf und dem übereifrigen Getue. Laura, es ist zwanzig vor acht. Musst du nicht längst zur Schule?«

»Und seht euch das bloß an!« Laura tat so, als hätte sie ihn nicht gehört, und holte eine Coladose aus dem Müll.

»Laura, was in aller Welt soll das bedeuten?«, fragte ihre Mutter müde. Der Rücken tat ihr weh, das Baby in ihrem Bauch übte Elfmeter gegen ihre Rippen, und sosehr sie sich auch freute, dass Laura mit dem Jungen

26

von nebenan Bekanntschaft geschlossen hatte, war sie doch nicht bereit, sich seine Ansichten aufdrücken zu lassen. »Vor drei Wochen kanntest du Daniel noch gar nicht und jetzt ist er anscheinend der große Umweltexperte, dem sich alle unterwerfen müssen.«

Lauras Blick hätte Steine schmelzen können.

»Das fehlte ja noch. Jetzt verleugne du auch noch meine Freunde ...«

»Verleumde«, sagte Melvyn und steckte Brotscheiben in den Toaster.

»Hä?«

»Verleumde«, wiederholte Melvyn. »Verleugnen ist so tun, als kenne man wen nicht, verleumden bedeutet üble Nachrede.«

»Oh, ah, na, sehr schlau. Ihr solltet diesen ganzen Abfall ins Recycling-Center bringen.«

Ruth seufzte.

»Laura, ich bringe die Zeitungen zur Sammelstelle, die Flaschen in die Glascontainer, ich schick unsere alten Klamotten zur Kleidersammlung – was soll ich denn noch alles tun? Mir fehlt die Zeit, um jede einzelne Eierschale einzupacken. Ich bin jetzt fast im siebten Monat und hab keine Lust, Pakete quer durch die Lande zu schleppen.«

»Das ist auch so was. Wir sind schon ein übervölkerter Planet und ihr macht es noch schlimmer. Daniel sagt ...«

»Zum Teufel noch mal!«, blaffte Ruth, als das Baby einen gut gezielten Pass in ihre Blase gekickt hatte. »Ich gebe keine fünf Pence auf das, was Daniel sagt. Wenn er sich solche Sorgen wegen meinen unrecycelten Margarinetöpfchen macht, dann kann er sie ja gefälligt selbst entsorgen. Und wenn wir schon darüber reden, wie man Müll wieder aufbereitet, warum fängst du damit nicht mal in deinem Zimmer an? Da liegt genug Mist und Abfall rum, um auch die eifrigsten Ökospezialisten stundenlang zu beschäftigen.«

Laura sah sie wütend an und schnappte sich einen Blaubeerjogurt.

»Das ist nicht genug für einen langen Schultag«, bemerkte Melvyn. »Willst du noch ein Schinkenbrötchen?«

»Hör schon auf, du weißt doch, dass ich Vegetarierin bin!« Laura starrte ihn wütend an.

»Was auch immer. Es gibt jedenfalls nichts Besseres, als den Tag mit einem leckeren Schinkenbrötchen zu beginnen.«

»Sind euch denn die armen kleinen Ferkel völlig egal?«, schrie Laura, steckte eine Banane in die Tasche und holte sich dann noch zwei Äpfel aus der Obstschale. »Wenn ich euch erzählen würde, was sie den Schweinen alles antun –«

»Geh zur Schule«, sagte ihre Mutter.

»Das werde ich auch!« Und damit entschwand Laura.

Chelsea hat
ihre Montagmorgen-Depri

»Chelsea, halb acht!« Ihre Mutter klopfte an die Tür und kam hereinspaziert.

»Ach, du meine Güte, Chelsea!«, rief sie. »Das ist ja die reinste Müllkippe. Ich habe dir gestern ausdrücklich aufgetragen, dass du hier aufräumen sollst – und du hast keinen Finger gerührt!«

»Na und!«, murmelte Chelsea und kam unter der Bettdecke hervorgekrabbelt. »Das ist mein Zimmer – was geht dich das überhaupt an?«

»Wie soll ich denn *das* verstehen, junge Dame?« Die Mutter riss die Gardinen zur Seite. »Das geht mich allerdings was an. Ich habe einen anstrengenden Tag vor mir: Redaktionssitzung, Radiosendung am Nachmittag…«

»Na und? Ist doch dein Problem.«

Ginny griff nach dem Arm ihrer Tochter.

»Jetzt hör mir mal gut zu. So redet niemand mit mir, weder du noch sonst irgendwer, und solange du –«

»– solange du unter meinem Dach lebst, wirst du tun, was ich dir sage!«, sang Chelsea spöttisch und wand sich aus dem Griff ihrer Mutter. »Leg mal eine neue CD auf, ja?«

Sie schnappte sich ihren Bademantel, marschierte an Ginny vorbei und verschwand unter Getöse im Badezimmer.

Ginny seufzte und sank auf Chelseas Bettkante nieder. Immer das Gleiche, dachte sie. Seit den Weihnachtsferien war Chelsea so stachelig wie ein Igel. Was war nur mit ihr los? Was war überhaupt mit ihnen allen los? In letzter Zeit machte das Leben irgendwie keinen Spaß mehr. Barry hatte unbedingt am ersten Weihnachtsfeiertag und zu Neujahr arbeiten wollen, und wenn er nicht arbeitete, machte er ihr Vorwürfe wegen ihrer Verschwendungssucht oder schloss sich in der Küche ein, um die Rezepte für die letzte Runde von SUPERKOCH, dem Kochwettbewerb im Fernsehen, auszuprobieren. Lieber Gott, lass ihn bitte gewinnen – sie konnten die dreitausend Pfund Siegerprämie gut gebrauchen und außerdem würde es Barry aufmuntern. Alle ringsherum konnten ein bisschen Aufmunterung gebrauchen. Sie hatte diese neue Radiomoderation übernommen, um ihr Einkommen etwas aufzubessern, aber sie fühlte sich dauernd so erschöpft und außerdem fand sie sich aufgedunsen und dick und – na ja, alt. Das sah ihr gar nicht ähnlich, sonst war sie immer voller Energie. Sie war sogar beim Arzt gewesen und der hatte ihr gesagt, das läge am Alter. Am liebsten hätte sie ihm sein Stethoskop an den Kopf geschmissen und wäre hinausgestürmt. Aber dann hatte er ihr seine neue Hormontherapie empfohlen und ihr versichert, die würde Wunder bewirken. Sie wünschte nur, die Therapie würde schneller greifen.

Ginny wusste, dass ihre Artikel nicht mehr den früheren Biss hatten. Zweimal während des letzten Monats hatte ihr Redakteur Bemerkungen fallen lassen wie »Schreib doch mal wieder so wie früher« und »Pack mal ein bisschen mehr Witz rein, Ginny«. Ich werde ihm mal die witzige Ginny servieren, dachte sie finster. Was weiß der schon – zweiunddreißig, Doppelverdiener, kinderlos. Der hat doch nicht die leiseste Ahnung.

Sie warf einen prüfenden Blick auf den Müllhaufen, den Chelsea fröhlich ihr Zimmer nannte, zupfte halbherzig an der Bettdecke herum, entdeckte dabei zwei gammelige Apfelgriebsche und eine verbeulte Pepsidose und ließ alles Weitere lieber bleiben.

»Kaffee!«, ermahnte sie sich streng. Sie wusste, sie sollte lieber Kamillentee oder ein Gebräu aus Rosenblättern oder sonst was Gesundes trinken, aber heute Morgen brauchte sie Koffein. Für Ginny war Koffein eine Medizin gegen fast jedes Übel.

»Was war los?« Barry sah von seinem FEIN-SCHMECKER auf, als Ginny in die Küche kam, und überlegte – nicht zum ersten Mal –, ob Limonengrün und Mangogelb wirklich die besten Kleiderfarben für seine Frau waren.

»Oh, nur das Übliche, Chelsea hat ihr Zimmer nicht aufgeräumt und – ach, ist ja egal.«

»Ist sie immer noch am Schmollen, weil wir ihr die Party nicht erlaubt haben?«, fragte Barry. »Ein Essen bei *Lorenzo*, und damit hat sich's. Ich habe für Samstag einen Tisch reservieren lassen. Aber denk dran, wir nehmen das Tagesmenu und nicht à la carte. Wenn ich jetzt im Industrieviertel die Kantine pachte, müssen wir den Gürtel ein bisschen enger schnallen.«

»Toll«, knurrte Ginny und verschmierte ihren Lippenstift beim Trinken.

»Du wolltest unbedingt, dass ich die Kantine übernehme«, sagte Barry.

Ginny seufzte. »Ich weiß, ich weiß, und ich sollte Chelsea gegenüber nachsichtiger sein. Sie ist doch noch so jung und wurde gerade von ihrem Freund sitzen gelassen und jetzt haben wir ihr noch nicht mal die Party erlaubt. Da ist es doch nur verständlich, dass sie stinksauer ist. Wir müssen eben ruhig bleiben und warten, bis das Gewitter vorbei ist.«

Chelsea kam in die Küche gestürmt, direkt zum Brotkasten.

»Chelsea!«, kreischte Ginny und hatte all ihre Gedanken über Gelassenheit völlig vergessen. »Was hast du da an?«

»Klamotten, mal ganz was Besonderes.« Chelsea schmierte sich mit einer Hand Margarine aufs Brot und zog mit der anderen erfolglos den schwarzen Stretchminirock nach unten.

»Übrigens«, Ginny strahlte und versuchte sich zu beruhigen und das Thema zu wechseln, »dein Vater sagte, du warst mit einer Gruppe von Leuten zusammen, die er noch gar nicht kannte, als er dich in der Neujahrsnacht abholen kam. Sind das neue Freunde von dir?«

»Möglich«, sagte Chelsea unbestimmt.

Sie fand Bex ganz nett, aber Fee jagte ihr Schrecken ein und Truc war ziemlich merkwürdig.

»Du könntest doch eine von ihnen zu deinem Geburtstagsessen einladen, wenn du möchtest.« Ihr Vater reagierte auf die stummen Gesten von Ginny.

Da hätte Chelsea fast gelächelt.

»Aber auf die vorlaute komische Gans lege ich keinen besonderen Wert und die anderen müssten sich fürs *Lorenzo* schon ein bisschen anders anziehen«, fügte Barry hinzu.

Ginny sah ihn an, hob die Brauen. Zu spät.

»Ach, neee, toll, mach doch ruhig weiter, zieh über meine Freunde her, warum hörst du denn schon auf?«, brüllte Chelsea. »Das ist typisch für eure Generation – ihr beurteilt Menschen nur nach ihrem Aussehen. Ha, wenn wir das alle so machen würden, dann würdest du aber für einen Bekloppten gehalten.«

Damit schnappte sie sich ihre Schulmappe, schmiss die Reste von ihrem Brötchen in den Mülleimer und stürmte durch die Hintertür hinaus.

»Gut gemacht, Liebster«, sagte Ginny.

»Irgendwie krieg ich es nie richtig hin«, sagte Barry trübsinnig.

»Du und ich, wir beide«, sagte seine Frau tröstend. »Komm, trink noch einen Kaffee.«

Chelsea stand an der Bushaltestelle und hielt auf Abstand zu den Siebtklässlern, die über ein Poster kicherten. Sie kickte einen Stein und konnte sich selbst nicht leiden. Sie fand das Leben abscheulich. Warum war sie dauernd so empfindlich? Dabei kriegte sie momentan gar nicht ihre Tage. Ihr war seltsam zu Mute, als ob sie sich selbst nicht mehr richtig kennen würde. Alles veränderte sich. Geneva und Warwick waren ausgezogen, deshalb hatte sie jetzt niemanden mehr, der ihre Partei ergriff. Sogar ihr Körper war nicht nett zu ihr. Sie kriegte zum ersten Mal in ihrem Leben Pickel und ihre Stimmung schwankte dauernd hin und her, sie fühlte sich unglücklich, ruhelos und hatte die Nase von allem und jedem gestrichen voll.

Sie hatte gehofft, es würde anders werden, wenn die Schule losging, aber wie sollte es ihr besser gehen, wenn sie in jeder Pause Jemma und Rob sah, die sich gegenseitig anhimmelten, ganz zu schweigen von der Demütigung, dass ihr Vater mit seiner Mobilküche vor dem Schultor stand und seine eklige Suppe verkaufte?

Alles, worauf sie sich jetzt noch freuen konnte, war ein Essen bei *Lorenzo*, wo sie doch viel lieber bei einer Party für all ihre Kumpel von der Schule einen draufmachen würde. Sie würde Laura fragen, ob sie zu *Lorenzo* mitkommen wollte – das würde ihr gut tun. Und Sumitha auch. Sie würden sich bestimmt riesig freuen. Sie war schließlich noch immer ihre beste Freundin.

Jemma macht aus allem ein Drama

»Oh, jetzt begreife ich!«, schrie Jemma und knallte die Broschüre von der Schauspielschule auf den Küchentisch. Dann drehte sie sich um und sah ihrer Mutter ins Gesicht. »Du erträgst es nicht, wenn ich Erfolg habe, nicht wahr? Du kommst nicht damit klar, dass ich begabt bin, dass ich in meinem Leben mal mehr erreichen werde, als für irgendeine dusselige Kindergruppe Blümchen aus Buntpapier auszuschneiden und aus Eierkartons Elefanten zu basteln. Du bist eifersüchtig!«

»Ach, Dummerchen, hör schon auf«, erwiderte ihre Mutter, die den Zwillingen gerade Cornflakes auf die Teller schüttete und Sam zu überreden versuchte, das Dinosaurierspielen unter dem Esstisch bleiben zu lassen, um gleich darauf jede Menge Watte auf eine leere Klopapierrolle zu kleben, damit daraus ein Schneemann für die Wunderwinterlandschaft der Kindergruppe wurde. »Schätzelchen, ich wollte nur –«

»Wie oft soll ich dir noch sagen, dass du mich nicht Schätzelchen nennen sollst!«, fauchte Jemma. »Ich bin kein Kind mehr, obwohl ich weiß, dass du mich am liebsten jetzt noch angebunden im Hochstühlchen sitzen hättest!«

»Bist du endlich fertig?«, seufzte ihre Mutter, zog Sam mit Gewalt unter dem Tisch hervor und zwang ihn, sich auf einen Stuhl zu setzen. »Ich habe nur gesagt, dass du nicht gleichzeitig in den Schauspiel-, den Pantomime- und den Sprechkurs gehen kannst. Gran hat dir das Geld für ein Jahr Unterricht gegeben. Du musst dich entscheiden. Und beeil dich mit dem Ei, es ist schon fast zehn vor acht.«

»Ich ess es«, bot Sam erwartungsvoll an.

»Aber Miss Olive sagt, ich hätte eine begnadete Bühnenpräsenz und ich müsste alle drei Sachen lernen, um meine Karriere voll in Schwung zu bringen!«, protestierte Jemma, schleuderte die Haare aus den Augen und schob ihrem Bruder das weiche Ei hin.

»Wahrscheinlich nur, um ihre Einkünfte zu vergrößern!«, murmelte Mrs. Farrant und klebte einen Papphut auf den Schneemann. Dann bewunderte sie ihre Bastelei.

Jemma schob den Stuhl zurück und sprang auf. »Jetzt hab ich endlich herausgefunden, wer ich bin und was ich werden will. Ich werde ein Star – und du wirst mich nicht daran hindern!«

»Sieh mal, Jemma –«, begann ihre Mutter, doch Jemma hatte die Broschüre ergriffen und war aus der Küche stolziert.

Zwei Minuten später knallte die Haustür zu.

»Was hat Jemma denn, Mama?«, fragte Luke und steckte seinen Finger in Sams Ei.

»Vierzehn Jahre auf dem Buckel«, murmelte Claire, machte die Augen zu und zählte bis zehn. Ihre Freundinnen hatten sie vor dem Teenageralter gewarnt. Immer wenn sie damals behauptet hatte, dass Klein-Jemma ihr nie Ärger machte, hatten sie gezwinkert und gesagt: »Das lernt sie noch schnell genug!« Aber nie hätte Claire geglaubt, dass ihre folgsame Tochter einmal so launisch und streitsüchtig werden würde – und auch noch so plötzlich. Sie konnte nur hoffen, dass diese ganze Schauspielerei ihrer kleinen Jemma nicht total den Kopf verdrehte. Claires Mutter war bei der Aufführung von »Oliver!« so begeistert von ihrer Enkelin gewesen, dass sie mit einem großzügigen Geschenk ihr Talent unterstützen wollte.

»Da tut sie endlich mal etwas ganz für sich allein – das wird ihr Unabhängigkeit geben«, hatte sie bedeutungsvoll zu Claire gesagt, als die sie zum Flughafen brachte, wo sie zu ihrer lang geplanten Reise nach China startete.

Unabhängigkeit – gut und schön, dachte Claire, aber sie wünschte sich, dass Jemma sich nicht in einen dieser schwierigen Teenager verwandelte. Einige dieser Schauspielschüler sahen reichlich merkwürdig aus und sie wollte nicht, dass Jemma mit so zweifelhaften Elementen in Kontakt kam. Na ja, vielleicht war es ja schon bald wieder vorüber. Bestimmt würde es nicht lange dauern.

Jon und Sumitha

Als Jon um die Ecke von Billing Hill bog und Sumitha die Wellington Road entlangkommen sah, wagte er kaum seinem Glück zu trauen. Seit dem Silvesterabend hatte er ständig an sie gedacht und hätte sich gern wieder mit ihr verabredet, aber er hatte sich nicht getraut anzurufen, weil er dann vielleicht den Vater an der Strippe gehabt hätte.

Rajiv Banerji war von der Vorstellung, dass seine Tochter sich mit einem englischen Jungen anfreunden könnte, nicht sonderlich begeistert. Jetzt, wo Jon endlich wieder Kontakt zu Sumitha aufgenommen hatte, wollte er keine Abfuhr riskieren.

Eigentlich, so musste er sich eingestehen, war er sich gar nicht sicher, ob Sumitha auch der Meinung war, dass sie nun miteinander gehen würden. Damals in der Disco war sie richtig gesprächig gewesen, aber jedes Mal, wenn Jon sie zu küssen versucht hatte oder ihr zu nahe gekommen war, hatte sie den Abstand wiederhergestellt. Anscheinend lag ihr am meisten am Reden. Wahrscheinlich war das die Folge von ihrer kurzen, aber schrecklichen Beziehung zu diesem Ekelpaket Bilu, dachte Jon bei sich. Er musste ihr eben Zeit lassen. Sumitha sah ihn auf der anderen Straßenseite und winkte ihn herüber. Warum musste er bloß ausgerechnet an diesem besonderen Morgen smartiegroße Pickel am

Kinn haben? Er zog den Schal über die untere Gesichtshälfte und hoffte, dass so die Pickel nicht mehr zu sehen waren.

»Hi!«, sagte Sumitha, als Jon die Straße überquert hatte. »Schön, dass ich dich treffe – ich muss unbedingt mit dir reden.«

Jon grinste sie an. »Du siehst toll aus!« Er fragte sich, ob er es wagen durfte, sie zu küssen.

»Ach ja? Danke. Die Sache ist, äh, hm.« Sie zögerte.

»Ja?«, half Jon ihr weiter. Er ging langsam in Richtung Bushaltestelle weiter.

»Nein, bitte warte doch einen Augenblick«, bat sie. »Ich will nicht, dass deine Kumpel mithören können.«

Jon blieb gehorsam stehen und sah sie sehnsüchtig an. Sie hat so niedliche Ohrläppchen, dachte er. Er hätte gern daran geknabbert.

»Also, unser Gespräch neulich an Silvester – du, seither sehe ich mein ganzes Leben mit anderen Augen«, sagte sie. »So was hab ich vorher noch nie erlebt.«

Oh, wow!, dachte Jon. Sie hat sich in mich verliebt. Ja! Mega! Ich hab's geschafft! SUPER!

Traumbilder tauchten vor seinem inneren Auge auf: Sumitha und er eng umschlungen im Mondschein, er und Sumitha Hand in Hand beim Schaufensterbummel, alle seine Kumpel grün vor Neid auf seine hinreißende Freundin.

»– und du hast mir auch klargemacht, dass ich nicht noch mehr Zeit verschwenden sollte«, sagte Sumitha gerade.

Jon lächelte verträumt. Sie liebte ihn. Sie wusste, dass sie ihre Gefühle nicht mehr länger zu verstecken brauchte. Sie machte ihm gerade eine Liebeserklärung. Er kam sich drei Meter groß vor. Er spürte richtig, wie seine Pickel schrumpften.

37

»– du hast ja so Recht, wir müssen einfach etwas *tun* –«, hörte er sie sagen.

»Ja«, keuchte Jon und griff nach ihrer Hand.

Er staunte immer noch über sein Glück.

»Und wir können Entscheidungen nicht bis in alle Ewigkeit vor uns herschieben«, fuhr sie fort und entzog ihm ihre Hand.

»Das stimmt«, pflichtete Jon ihr bei. Sie wusste, dass sie sich zu ihm bekennen musste. Sie liebte ihn, Jon Joseph. Jon und Sumitha. Sumitha und Jon. Sein Herz machte einen völlig unbeherrschten Hopser nach dem anderen.

»Aber ich weiß immer noch nicht genau, was ich tun soll«, sagte Sumitha. »Ich kann schließlich nicht ewig mit all dem Kram weitermachen, mit den Tanzstunden, mit dem Schauspielkurs und so, wenn ich doch –«

»Och, mir macht das nichts aus«, sagte Jon großmütig, sah sie anbetend an und ergriff wieder ihre Hand. »Da bleibt noch viel Zeit für uns.«

Sumitha riss ihre Hand weg.

»Hast du überhaupt ein Wort von dem gehört, was ich gesagt habe?«, fauchte sie ihn an.

»Natürlich, klar doch«, sagte Jon eilig. »Du willst die Tanzstunden aufgeben, jetzt, wo wir miteinander gehen und –«

»DU TRÄUMST WOHL!«, schrie Sumitha. »Du lieber Himmel, wo bist du bloß mit deinen Gedanken? Und ich habe geglaubt, mit dir könnte ich mich vernünftig über wichtige Dinge unterhalten. Du bist genauso doof wie alle anderen.«

Sie hob ihre Mappe auf und stolzierte davon.

»Nein, warte – nein, Sumitha, bitte!« Jon rannte hinter ihr her und versuchte das alberne Gekicher von den

anderen Wartenden an der Haltestelle zu überhören.
»Sumitha, bleib doch stehen!«

Sie drehte sich zögernd wieder zu ihm um, als eine
Stimme sagte: »Hallo, mein Sohn!«, und Jon voller Entsetzen seinen Vater in einem lila-beige gestreiften An-
zug mit einem weißen Handtuch um den Hals auf sich zu-
joggen sah. Nachdem Jon ihn damals zum ersten Mal ins
Fitnesscenter mitgenommen hatte, war sein Vater be-
züglich sportlicher Ertüchtigung völlig übergeschnappt
und joggte jetzt jeden Morgen, bevor er ins Büro ging.
Mr. Josephs Gesicht war puterrot und kleine Schweiß-
bäche rannen ihm über die fleischigen Wangen. Drei un-
gleich lange Haare wuchsen aus seinem linken Nasen-
loch. Er war kein besonders attraktiver Anblick.

»Fünf Kilometer!«, dröhnte er und schlug sich auf die
Brust wie ein debiler King Kong. »Oh, und das hier ist
doch bestimmt – na, gleich weiß ich's wieder – Semelda,
nicht?«

»Sumitha«, sagte Sumitha. »Guten Tag, Mr. Joseph.«

»Na klar, na klar«, Henry rannte jetzt auf der Stelle
und hechelte wie eine Bulldogge mit Sonnenstich. »Ha!
Du bist also die neue Freundin von meinem Sohn, für die
er so wahnsinnig schwärmt, ja? Zumindest hat mir das
seine Mutter so erzählt.«

»Papa!«, zischte Jon. Wie konnte er nur? Wie konnte
er nur? Wie absolut oberpeinlich!

»Tja, also, was mich betrifft, alles klar, immer ein
Herz für die Jungverliebten. Jaha! Mach dir keine Sorgen, Semelda, Schätzchen – bei uns zu Hause halten wir
nichts von Rassenvorurteilen. Ich zerreiße mir nicht das
Maul über Bengalen, ganz anders als so manche andern,
die ich kenne. Wir sind tolerant, keine Sorge. Muss jetzt
weiter – noch drei Kilometer zu laufen! Tschüss, Jon,
tschüss, Semelda!«

Damit stampfte er weiter und winkte ihnen zum Abschied fröhlich zu.

Jon wünschte, das Straßenpflaster möge sich auftun und ihn verschlingen.

»Es tut mir Leid, mein Vater ist so –«

»Da ist dein Bus«, knurrte Sumitha mit geschürzten Lippen, als der Bus zur Bellborough Court hielt.

»Ich ruf dich heute Abend an!«, rief Jon. Nachdem ich meinen Vater umgebracht und in Formaldehyd gepackt habe, dachte er verbittert.

»Mach dir keine Mühe!«, rief Sumitha zurück. »Du hörst mir ja doch nie zu. Und wie kannst du es wagen rumzulaufen und den Leuten zu erzählen, dass ich deine Freundin wäre? So eine Unverschämtheit!«

Jon sah verzweifelt aus dem Busfenster, als Sumitha die Straße entlangeilte. Ich muss immer alles verderben, dachte er. Warum hatte seine Mutter seinem Vater das mit Sumitha gepetzt? Ich werde ihr nie wieder was erzählen, dachte er. ELTERN! »Schüttet uns nur euer Herz aus«, sagen sie, und wenn man es tut, dann schreien sie es in die Welt hinaus. Er wünschte, seine Mutter wäre noch so wie früher.

Seitdem sie diese Weiterbildung in Innenarchitektur machte, war sie ganz kumpelhaft und albern geworden. Sie trug seit neuestem Jeans, die ihr zu eng waren, benahm sich wie ein Teenager und tat so, als würde sie genau verstehen, was mit Jon los war, und dabei hatte sie in Wirklichkeit gar keine Ahnung. Sein Vater behauptete, sie wollte die verpasste Zeit nachholen. Jon wünschte, sie würde das woanders machen.

Aber sein Vater war genauso ein Risikofaktor. Wie konnte er nur solche Sachen sagen? Ich bring ihn um!, dachte Jon.

Dann fiel ihm ein, dass er nun gar nicht mitgekriegt hatte, was Sumitha ihm eigentlich sagen wollte.

Jemma steht leider nicht im Mittelpunkt

»Hi, Sumitha, weißt du was?«, Jemma knallte ihre Bücher in den Spind und drehte sich eifrig zu Sumitha um.

»Was?«, sagte Sumitha kurz angebunden. Sie tobte innerlich immer noch vor Wut über Jons mangelnde Aufmerksamkeit für ihr Problem. Sie hatte ihm erzählen wollen, dass ihr jetzt als Beruf Fremdsprachenkorrespondentin vorschwebte, aber er war unfähig gewesen, sich auf das Gespräch zu konzentrieren, und dann hatte Mr. Joseph sich unerträglich herablassend und rassistisch aufgeführt. Nun war ihr ganz und gar nicht danach, für irgendwas Interesse zu zeigen.

»Ich komme in deine Schauspielklasse – letzten Samstag war ich bei Miss Olive«, verkündete Jemma triumphierend.

»Dann können wir immer zusammen hingehen.«

»Nee, können wir nicht.« Sumitha suchte in ihrer Tasche nach dem Kamm.

»Wieso? Du gehst doch immer donnerstags und samstags hin, oder?«

»Ich ging donnerstags und samstags hin«, korrigierte Sumitha. »Aber ich höre damit auf.«

»Was machst du?«, fragte Jemma ungläubig. »Warum, um alles in der Welt?«

41

Sumitha wollte es ihr gerade erklären, als Laura in den Garderobenraum geplatzt kam. Sie drückte einen Haufen Abfall an die Brust.

»Hi«, keuchte sie. »Hat jemand von euch eine Einkaufstüte?«

»Ja, ich glaube, ich habe irgendwo eine.« Sumitha kramte in ihrem Spind herum. »Hier, bitte, leider ein bisschen zerknüllt.«

»Macht nichts«, sagte Laura und beförderte die Sammlung von alten Coladosen, Bonbonpapierchen und Comicheften in die Tüte.

»Was ist denn mit dir los?«, wollte Sumitha gerade fragen.

»Der Kram hier war in den Abfalleimern im Kunsttrakt«, sagte Laura. »Absolut widerlich.«

»Du sagst es!« Sumitha rümpfte die Nase. »Aber wenn das Zeug schon im Abfalleimer war, warum holst du's dann wieder raus?«

»Weil«, sagte Laura dramatisch, »das Zeug hier nicht einfach weggeworfen werden sollte – das muss recycelt werden. Wusstet ihr schon«, fuhr sie streng fort, »dass jeder Erwachsene in diesem Land jedes Jahr Müll wegwirft, der zehnmal so viel wiegt wie der betreffende Mensch?«

»Also so was«, sagte Jemma. »Na, egal, Sumitha, wie ich schon erzählte, hat Miss Olive gesagt, dass ich echte Starqualitäten habe –«

»Laura, stimmt das wirklich? Das zehnfache Körpergewicht? Das ist ja unglaublich«, sagte Sumitha. »Und was tust du dagegen?«

»Also, ich werde erst mal Mr. Horace fragen, ob wir uns hier von der Schule aus mit dem Recyclingcenter in Verbindung setzen können. Wir haben zwar schon besondere Container für Papiermüll, aber wir könnten auch noch Container für Metall, Glas und Plastik aufstellen…«

»Könntest du nicht noch einen Container für blöde Typen dazustellen? Solche, die einen zur Raserei bringen?«, fragte Sumitha.

»Wieso? Was ist denn passiert?«, fragte Laura. Sumitha und Jon konnten sich doch unmöglich schon verkracht haben. Oder? Vielleicht doch?

»Also«, fing Sumitha an zu erzählen und sie und Laura gingen langsam in Richtung ihres Klassenraums.

»Wartet auf mich!«, rief Jemma. »Ich wollte doch gerade –«

Aber Sumitha und Laura waren schon außer Hörweite.

Jemma überprüfte noch einmal ihre Frisur vor dem Spiegel und überlegte dabei, dass Sumitha es wohl einfach nicht ertrug, im Schatten einer anderen zu stehen. Bestimmt hatte sie deshalb das Thema gewechselt. Sicherlich war das auch der Grund, weshalb sie mit dem Schauspielunterricht aufhören wollte. Eigentlich sollte sie einem Leid tun.

Sie war jetzt auf eine getroffen, die es eben noch besser konnte.

Trost bei einer Tasse Kaffee

»ECHO-Redaktion, am Apparat Ginny Gee.«

»Hi, Ginny, ich bin's, Ruth.« Lauras Mutter brachte ihr Hinterteil auf dem Küchenhocker in eine andere Position und klemmte den Hörer unters Kinn.

»Ja?«

»Oh, äh, zu dumm. Hab ich einen schlechten Zeitpunkt erwischt?«, fragte Ruth, als sie merkte, wie kurz angebunden Ginny war.

»Momentan ist jeder Zeitpunkt schlecht«, murmelte Ginny, die sich gerade mit einem Artikel zum Thema »Zehn Möglichkeiten zu Wiederbelebung Ihrer Ehe« abquälte. Sie war immer noch bei der ersten Möglichkeit.

»Macht ja nichts, dann ruf ich später noch mal an.« Ruth verlagerte wieder ihre Haltung, weil das Baby mit seinem Kopf gegen ihren Nabel wummerte.

»Nein, bleib dran, Ruth, es tut mir Leid. Es ist bloß … ach, na ja, egal. Was kann ich für dich tun?«

»Ich muss zur Schwangerschaftsvorsorge in die Stadt fahren und da fiel mir ein, wir könnten uns doch mittags zum Essen treffen. Aber es ist nicht so wichtig, wir können das auch an einem anderen Tag machen und –«

»Ich weiß nicht, ob ich noch einen weiteren Tag überstehe.«

Ginnys Stimme hörte sich an, als würde sie gleich losheulen. »Nein, echt, ich würde dich gern treffen – genau das, was ich brauche. Wie wär's um halb eins vor dem Kaufhaus, ja?«

Ruth betrachtete besorgt ihre Freundin. Sie hatten einen Tisch in der Ecke erwischt und vor ihnen standen Tunfischbrötchen und eine große Kanne Kaffee.

»Was ist los?«, platzte sie heraus. Offensichtlich war irgendwas nicht in Ordnung, die sonst so gesprächige Ginny rührte geistesabwesend in ihrer Tasse herum und sah fix und fertig aus.

»Oh.« Ginny seufzte. »Ich weiß nicht, aber ich fühle mich so desillusioniert – ich hab keine Lust mehr, massenhaft diese flotten Artikelchen zu produzieren, die wahrscheinlich sowieso kein Schwein liest.« Sie knabberte an einem Nietnagel und seufzte wieder.

»Natürlich werden sie gelesen!«, rief Ruth aus. »Deine Sachen sind so was von aufmunternd, sie bringen mich immer zum Lachen. Und jetzt hast du noch die neue Radiosendung – wie heißt sie noch mal?«

»›Rettungsanker Ginny‹«, sagte Ginny. »Leute rufen an und erzählen von ihren Problemen und ich rede dann mit ihnen und sorge dafür, dass es ihnen wieder besser geht.« Sie sah Ruth an. »Aber ich frage dich – wie komme ausgerechnet ich dazu, anderen zu helfen? Ich krieg ja selbst nichts geregelt. Nimm nur mal heute – ich schreibe über die Wiederbelebung von Ehen. Ich – die eine Ehe führt, die ungefähr so lebendig ist wie ein eingefallenes Soufflee.«

Ruth kicherte. »Siehst du, selbst wenn es dir nicht gut geht, kannst du noch Witze machen. Aber es geht doch bestimmt auch wieder aufwärts mit euch, oder?«, hakte sie nach, als Ginny immer noch nicht lächelte. »Barrys Unternehmen scheint doch hervorragend zu laufen, ich sehe seine mobile Suppenküche dauernd irgendwo stehen und du – na ja, du bist doch überall – Zeitung, Radio, Illustrierte. Vielleicht solltest du mal zum Arzt gehen?«, schlug sie fürsorglich vor.

»War ich doch. Vor zwei Wochen. Er sagte das, was er immer sagt: Es ist das Klimakterium. Als ob ich das nicht wüsste. Mit herumstreunenden Hormonen und Speckfalten kenne ich mich bestens aus.« Ginny zog eine Grimasse. »Er macht eine Hormonbehandlung mit mir.«

»Na bitte, dann wird es wieder!«, rief Ruth. »Bestimmt geht es dir in null Komma nix wieder super. Aber du musst dranbleiben, Ginny. Ich hab gelesen, dass viele Frauen vorzeitig aufhören, bevor es wirken kann. Du musst einen oder zwei Monate durchhalten.«

»Wahrscheinlich.« Ginny seufzte. »Egal, genug von meinen Sorgen. Wie benimmt sich das Baby?« Sie zeigte grinsend auf Ruths Bauch. »Was haben sie in der Klinik gesagt?«

»Abgesehen davon, dass es nie länger als höchstens zehn Minuten still hält, ist alles prima. Manchmal denke ich, dass ich mich auf den zwölften März freue, weil ich dann meine Füße wieder sehen kann, aber solange es hier drin ist, kann es mir wenigstens nicht vorwerfen, dass einzig und allein ich für die Zerstörung dieses Planeten verantwortlich bin.«

»Wie bitte?«

»Laura. Sie beschäftigt sich jetzt Tag und Nacht mit Ökologie.«

Ginny seufzte zum x-ten Mal. »Wenigstens macht das noch einen Sinn. Chelsea ist momentan beruflich mit Durchhängen beschäftigt.«

»Was für ein Glück, dass die Schule wieder angefangen hat«, sagte Ruth tröstend. »Da haben wir jetzt wenigstens die nächsten zehn Wochen vergleichsweise Ruhe.«

An diese Bemerkung sollte sie sich in den folgenden Wochen noch oft erinnern.

Ein wissenschaftliches Wunder

»He, wisst ihr schon? Die alte Mellor kommt nicht wieder an unsere Schule zurück!«, verkündete Laura den anderen, als sie auf den Beginn der Biologiestunde warteten.

»Echt? Soll das heißen, dass wir Stinke-Melly zum letzten Mal gesehen haben?«, rief Sumitha aus.

»Wahnsinn!« Chelsea schnappte nach Luft.

Miss Mellor hatte trotz ihrer naturwissenschaftlichen Weihen nie den Sinn und Zweck von Enthaarungscremes oder Deosprays begriffen und gehörte nicht zu den beliebtesten Lehrerinnen der Lee-Hill-Schule.

»Ich weiß es von Mr. Horace«, sagte Laura. »Hoffen wir, dass wir irgendwen halbwegs Nettes als Ersatz kriegen. Auch ohne dass man ein Reptil aus der Vorzeit als Lehrerin hat, ist es schlimm genug, wenn man die blöde Fotosynthese, den Temperaturausgleich und den ganzen anderen langweiligen Kram pauken muss. Sumitha, was ist denn los?«

Sumitha glotzte mit offenem Mund über Lauras linke Schulter. Laura drehte sich um und sah gerade noch, wie ein absolut hinreißender Typ in den Klassenraum geschlendert kam und sich dann auf die Ecke vom Pult setzte. Er trug Jeans und sein Polohemd war bestimmt ein Designermodell.

»Guten Morgen, alle zusammen«, sagte er gut gelaunt und strich sich mit den Fingern durch sein dichtes schwarzes Haar. »Ich heiße Paul Sharpe und bin euer neuer Lehrer in Naturwissenschaft.«

Ein anerkennendes Gemurmel lief durch den Raum und eine Reihe von Mädchen zupften an ihren Ponyfransen und glätteten ihre Röcke. Nicht schlecht, fand Laura und Chelsea dachte: Das ist doch mal was.

Er ist ganz klar der tollste Typ, den ich je gesehen habe, dachte Sumitha.

»Was ist mit Stinke-Melly – äh, Miss Mellor, Sir?«, fragte Chelsea grinsend.

Mr. Sharpe zuckte mit keiner Wimper. »Sie geht für ein Jahr an ein Institut nach Washington, sie hat dort einen Forschungsauftrag.«

»Dann müffelt es jetzt in Washington«, zwitscherte ein Schlaumeier.

»Jetzt will ich euch erst mal ein bisschen was über mich erzählen.« Mr. Sharpe tat so, als hätte er die freche Bemerkung nicht gehört. »Wahrscheinlich fragt ihr euch, wen ihr jetzt vor euch habt«, fügte er mit einem Grinsen hinzu.

Einen Supertypen, dachte Sumitha. Einen absolut wahnsinnig gut aussehenden Typen.

»Ich bin gerade erst nach England zurückgekehrt, weil ich ein Jahr lang an einem Entwicklungshilfeprojekt in Indien mitgearbeitet habe. Zum besseren Kennenlernen wollte ich euch heute in der ersten Stunde ein Video zeigen, damit ihr euch ungefähr ein Bild davon machen könnt, was Wissenschaftler, Ingenieure und Entwicklungshelfer tun, wenn sie unterprivilegierte Gruppen der indischen Bevölkerung unterstützen wollen.« Er drehte sich um und lächelte – er lächelt genau mich an, ich weiß es, dachte Sumitha –, und als sich die Haut rund um seine schwarzen Augen in winzige Fältchen legte und seine Nase hauchfeine Rünzelchen zeigte, wusste Sumitha Bescheid. Sie wollte genau das tun, was er getan hatte. Egal, was es war. Sumitha würde die beste Naturwissenschaftlerin der Lee-Hill-Schule werden, die hier je ihren Abschluss gemacht hatte. Für ihn. Für Mr. Sharpe. Für Paul.

Sumitha beginnt ein neues Leben

Am Montagnachmittag ging Sumitha von der Schule nach Hause und durchlebte noch einmal jede Sekunde der Biologiestunde. Mr. Sharpe – »Paul«, flüsterte sie immer und immer wieder leise vor sich hin – hatte mit großem Engagement über das Dorf in Indien gesprochen, wo er gearbeitet hatte. Sie hatte sich dabei in ihrem Stuhl zurückgelehnt und die bedeutungsvollen Töne über sich schwingen lassen, als er beschrieb, wie das Team ein kleines Labor für die Dorfschule gebaut hatte, wie er – Paul – der führende Kopf bei der Einrichtung der Abendschule für die Kinder gewesen war, die tagsüber auf den Feldern arbeiteten, und wie gern er ein Partnerprojekt zwischen der Lee-Hill-Schule und der von Phorabadur ins Leben rufen würde. Als zum Schluss alle den Klassenraum verließen, war sie noch dageblieben und hatte sich viel Zeit beim Packen ihrer Mappe gelassen, und dann war es geschehen. Er war zu ihr gekommen und hatte gesagt: »Darf ich fragen, aus welcher Region Indiens du stammst?«

»Kalkutta, Sir«, antwortete sie.

»Eine faszinierende Stadt«, äußerte Mr. Sharpe begeistert. »Nach meiner Ankunft in Indien war ich dort mehrere Wochen, bevor ich nach Phorabadur weitergereist bin. Ich fand es herrlich da.«

Sumitha glühte vor Freude, als ob sie persönlich Kalkutta zu seiner Freude und Beglückung erbaut hätte.

»Ich nehme an, du sprichst fließend Bengali?«, fragte er. »Vielleicht kann ich mit deiner Hilfe mal bei Gelegenheit meine wenigen Sprachkenntnisse auffrischen?« Sumitha musste schlucken. Sie sprachen zu Hause eigentlich meistens Englisch – nur während der Besuche bei ihren Großeltern alle zwei Jahre wurde Bengali gesprochen. Schon seit Jahren jammerte sie immer, dass sie Engländerin sei und keine andere Sprache sprechen wolle. Sie lächelte geheimnisvoll.

»Interessierst du dich sehr für Biologie?«, fragte Mr. Sharpe. »Ist schon gut«, fügte er breit grinsend hinzu, »du kannst ruhig Nein sagen.«

»Oh, ja, doch – ich finde Biologie toll«, sagte Sumitha, die bis zu diesem Augenblick Biologie nur als notwendiges Übel angesehen hatte, das man nicht vermeiden konnte, wenn man die Schule beenden wollte. »Ich will Naturwissenschaftlerin werden.«

»Toll!«, sagte Mr. Sharpe begeistert. »Wir müssen uns bald mal wieder unterhalten. Aber jetzt musst du dich beeilen, sonst kommst du zu spät zur nächsten Stunde.«

»*Wir müssen uns bald mal wieder unterhalten, wir müssen uns bald mal wieder unterhalten*«, wiederholte Sumitha diese Worte wie ein Mantra in ihrem Kopf. Das muss doch bedeuten, dass er mich mag, dachte sie. Auf diese Weise hat er mich wissen lassen, dass er mich mag. Von jetzt an werde ich für Bio schuften wie eine Wahnsinnige, bis ich die Beste bin. Nur für ihn. Nur für Paul.

»Sumitha, Sumitha, warte auf mich!« Sandeep kam hinter ihr hergerannt und keuchte schwer.

»Was willst du denn *jetzt* schon wieder?«, fragte Sumitha in einem wenig schwesterlichen Ton.

»Kann ich mit dir mitkommen?« Er sah sie bittend an.

»Oh, Sandeep, muss das sein? Du quasselst dann ununterbrochen und ich versuche zu denken. Ich hab dich doch eben noch mit Kevin und Matthew gesehen – warum gehst du denn nicht mit denen?«

»Die mag ich nicht«, flüsterte er.

»Och, nun sei doch nicht mehr so ein Baby!«

»Könntest du mir dann wieder was dafür bezahlen, dass ich dich allein gehen lasse?«, schlug Sandeep vor und sein Gesicht hellte sich wieder etwas auf.

»Bestimmt nicht! Das war eine einmalige Aktion, und wenn du denkst, du kannst noch mehr abstauben, dann hast du dich geirrt!«

Sandeep verzog jämmerlich das Gesicht. »Bitte, Mifa«, sagte er und gebrauchte den Namen, den er sich als Winzling für sie ausgedacht hatte. »Bitte!«

»Ich hab gesagt: Nein! Ach, wenn es gar nicht anders geht, dann komm eben mit, aber halt den Mund, ja?«

Sie war so mit ihren eigenen Gedanken beschäftigt, dass sie die Erleichterung im Gesicht ihres Bruders gar nicht bemerkte.

Sumitha verabschiedet sich von der Starkarriere

»Ich möchte mit den Tanz- und Schauspielstunden aufhören«, verkündete Sumitha während des Abendessens.

Ihre Eltern sahen sie überrascht an.

»Aber warum denn?«, wollte ihre Mutter wissen. »Das hat dir doch immer solchen Spaß gemacht. Ist irgendwas passiert?«

»Nein, aber was hat es für einen Sinn? Was wird das in der Welt schon groß verändern? Was nützt mir das später mal für meinen Beruf?«

Das ist neu, dachte Chitrita, reichte an Sandeep eine Schüssel weiter und murmelte dabei automatisch: »Ellenbogen runter, Sandeep.«

Der Vater legte Messer und Gabel auf den Tisch und sah seine Tochter aufmerksam an. »Und an was für einen Beruf hast du da gedacht, Sumitha? Ich wusste gar nicht, dass du für die Zeit vor deiner Heirat schon Pläne hast.«

»O Papa!«, brüllte Sumitha. »Was soll das denn? Warum sollte meine Heirat – falls ich überhaupt heirate, was noch gar nicht sicher ist – daran was ändern? Sei doch mal realistisch!«

Da hat sie nicht Unrecht, dachte Chitrita. Obwohl es lange gedauert hat, bis ich Rajiv damals überreden konnte, dass er mich wieder als Lehrerin arbeiten ließ. »Was würdest du denn gern machen?«, fragte sie. »Sandeep, iss endlich!«

Sumitha holte tief Luft. »Ich werde Naturwissenschaftlerin. Ich werde für solche außerschulischen Aktivitäten keine Zeit mehr haben, weil ich furchtbar viel zu arbeiten habe, Versuche mache und lauter solche Sachen, damit ich gute Zensuren kriege und zur Uni kann. Ich werde – die Welt verbessern.«

Ihr Vater lachte laut auf.

»Meine Tochter will allein schaffen, was niemandem in zweitausend Jahren gelungen ist«, prustete er. Sumitha sah ihn wütend an.

»Na gut, dann werde ich eben nur ein bisschen ändern«, korrigierte sie sich. »Na los, lach mich schon aus. Warum? Weil ich ein Mädchen bin? Das ist es doch, nicht wahr, Papa? Deiner Meinung nach können Jungen alles machen, aber Mädchen können nur kochen und Kinder kriegen. Du bist ja so was von altmodisch.«

»Aber Sumitha«, mischte sich ihre Mutter ein. »Ich hatte nicht die leiseste Ahnung, dass du dich für Naturwissenschaften interessierst. Bislang hast du jedenfalls nie besonderes Interesse dafür gezeigt und –«

»Dann tu ich es eben jetzt!«, konterte Sumitha. »Mr. Sharpe hat geagt…«

»Mr. Sharpe?«, hakte Chitrita nach.

»Er ist unser neuer Biologielehrer«, sagte Sumitha. »Er ist toll.«

Aha, dachte Chitrita.

»Tja, Sumitha«, sagte ihr Vater. »Wenn du denkst, ich hätte etwas dagegen, dann irrst du dich. Es ist äußerst lobenswert, dass du deine Aufmerksamkeit jetzt endlich wichtigen Dingen widmest. Aber warum musst du deshalb gleich alle deine Freizeitaktivitäten aufgeben?«

»Weil«, Sumitha holte tief Luft und versetzte ihnen den Gnadenstoß, »ich mein Bengali verbessern will.«

Ihr Vater riss die Augen auf.

»Tja, dann natürlich«, sagte er. »Ich finde das eine ausgezeichnete Idee. Dann kannst du dich endlich mit deinen Großeltern und Tanten und Onkeln unterhalten, wenn wir im Sommer nach Kalkutta reisen.«

»Heißt das, du gehst jeden Nachmittag mit nach Hause?«, fragte Sandeep hoffnungsvoll.

»Ja, aber nicht mit dir«, blaffte Sumitha ihn an.

Sandeep starrte enttäuscht auf seinen Teller.

»Sei nicht so eklig zu deinem Bruder«, sagte Sumithas Mutter automatisch. »Und woher kommt eigentlich dein plötzliches Interesse für Bengali?«

»Muss es dafür extra einen Grund geben?«, fauchte Sumitha.

»Ich dachte, du würdest dich darüber freuen. Papa redet dauernd davon, dass wir unsere kulturellen Wurzeln bewahren sollen.«

»Ich freue mich auch darüber, mein Schatz«, sagte ihr Vater und klopfte ihr auf die Schulter. »Das ist doch wirklich mal eine gute Nachricht, nicht wahr, Chitrita?«

Chitrita lächelte und neigte den Kopf. Sie fragte sich

nur, ob das plötzliche Interesse ihrer Tochter für Biologie vielleicht ganz andere als akademische Gründe hatte. Sie war so mit diesen Überlegungen beschäftigt, dass ihr entging, dass Sandeep bisher kaum einen Bissen heruntergekriegt hatte.

Jon macht seinem Herzen Luft

»Ich hab mich noch nie in meinem Leben so entsetzlich geschämt«, brüllte Jon, während er seine Sporttasche auf den Boden knallte und seine Mutter wütend anfunkelte. »Wie konntest du mir das antun?«

»Was antun?«, fragte Anona, während sie ein Stoffmuster aus lila Seide gegen das Licht hielt und kritisch betrachtete. Ihre derzeitige Studienaufgabe bestand darin, einen alten Wandschirm in ein »elegantes Accessoire für das stilvolle Heim« zu verwandeln, und das war gar nicht so einfach.

»Papa zu erzählen, dass ich für Sumitha schwärme«, knurrte Jon.

»Ich habe gar nichts erzählt«, verteidigte sich seine Mutter, ließ den Stoff auf den Tisch fallen und ergriff ein Maßband. »Wovon redest du eigentlich?«

»Ich hab mich mit Sumitha unterhalten, da kommt auf einmal Papa angerollt und sagt: ›Oh, du bist also die, für die mein Sohn schwärmt‹, oder so ähnlich. Und dann hat er behauptet, er wüsste das von dir! Wie konntest du nur?«

»Ach, jetzt fällt es mir wieder ein.« Anona hatte den Mund voller Stecknadeln und das Sprechen fiel ihr schwer. »Dein Vater fragte mich, wer das Mädchen von

54

dem Porträt in deinem Zimmer wäre, und da hab ich gesagt – ähem, na ja, da hab ich gesagt, du hättest ein Auge auf sie geworfen.«

»Na toll! Vielen Dank'auch, Mama. Vielleicht freut es dich ja zu hören, dass du damit alle meine Chancen kaputtgemacht hast. Sumitha will bestimmt nie mehr mit mir gehen. Ich hoffe, du bist jetzt so richtig mit dir zufrieden.«

»Hör mal, bestimmt ist es gar nicht so schlimm, wie du denkst –« Seine Mutter unterbrach sich. »Wo gehst du hin?«, denn Jon ging zur Tür.

»Weg«, sagte Jon.

Laura macht Pläne

Der Dienstag erwies sich für Laura als Glückstag. Als Erstes kündigte Mr. Horace an, dass sie ihren Recyclingvorschlag ein halbes Jahr lang ausprobieren und sehen wollten, ob er praktikabel war.

»Wir können nicht alles auf einmal schaffen, aber wir versuchen es mit Containern für Aluminium und Papier, weil das Materialien sind, die in der Schule am häufigsten auftauchen.«

»Aber Sir«, sagte Laura, »wie ist es mit Glas und Plastik? Und müsste es der Cafeteria nicht untersagt werden, Fleischprodukte zu verkaufen? Und sollten wir nicht –«

»Jetzt mach mal kurz Pause, Laura!« Mr. Horace lachte. »Wir sind eine Schule und kein Zentrum für ökologische Erleuchtung. Ich teile deine Überzeugungen, aber wir müssen mit den Veränderungen langsam beginnen. Wir werden die Container auf dem Schulhof beim Naturwissenschaftstrakt aufstellen, und dann noch welche bei der Turnhalle. Du kannst auf dem schwarzen Brett im oberen Flur deine Informationen aushängen, wozu das alles gut ist – mit deiner stilistischen Begabung sollte es dir möglich sein, die Aufmerksamkeit der Leute zu erregen.«

Laura war besänftigt. Sie würde momentan den Roman in der Schublade lassen und sich ganz der Förderung von Umweltbewusstsein widmen.

»Du hilfst mir doch, Chelsea, ja?«, fragte sie.

»Ich denke schon.« Chelsea seufzte.

»Lass dich nur nicht von deiner Begeisterung fortreißen«, meinte Laura spöttisch.

Als sie abends gerade die Bekanntmachung fürs schwarze Brett verfasste, rief Daniel an, um sich zu erkundigen, ob sie zu der Demo am Samstag mitkäme.

»Zieh dich warm an«, wies er sie an, »weil wir Sitzblockaden machen. Oh, und kannst du noch ein Schild oder ein Transparent mitbringen?«

»Okay.« Laura fand, dass Daniel gewisse Möglichkeiten bot. Sie wollte unbedingt einen Freund, und obwohl Sumitha sich mit Jon verkracht hatte, wusste sie, dass Jon nur Augen für Sumitha hatte.

Als sie schon ungefähr zehn Minuten an einem Schild pinselte, rief ihr Vater an. Sie hatte ihn seit der Zeit vor Weihnachten nicht mehr gesehen, weil die biestige Betsy darauf bestanden hatte, dass er die Weihnachtsferien mit ihr, der doofen Sonia und dem schlaffen Darryl bei der Großmutter in Norfolk verbrachte. Außerdem wartete sie immer noch auf ihr Weihnachtsgeschenk von ihm.

»Hallo, meine Süße«, sagte er. »Wie wär's, wenn wir

zwei am Samstagabend miteinander zum Essen in ein schickes Restaurant gingen? Nur du und ich«, betonte er, weil er wusste, dass Laura Betsy nicht ausstehen konnte. »Wir könnten es als nachträgliches Weihnachtsessen deklarieren – und da gibt es auch noch etwas, über das ich gern mit dir reden möchte.«

Und etwas, das du mir hoffentlich schenken willst, dachte Laura.

»Toll, Paps«, sagte sie. »Übrigens, trennt ihr euren Müll?«

»Nein, mein Schatz, den verbrennen wir nicht.«

»Ich sagte *trennen* und nicht verbrennen!«

»Ach so«, sagte Peter. Dann gab es ein längeres Schweigen.

»Paps, bist du noch da?«

»Ja, mein Schatz, ich hab nur einen Schluck von meinem Whisky getrunken. Nein, also Mülltrennung und all das Zeug – das ist eher Betsys Bereich und sie würde am liebsten die Teebeutel zweimal benutzen, wenn das ginge. Sie hebt sogar Seifenreste auf und klebt sie dann alle aneinander, um ein neues Stück zu machen. Verrückt, was?«

Schade, dachte Laura, dass Betsy eine Vaterdiebin war und eine Familienzerstörerin. Sonst hätte sie sie jetzt ziemlich bewundert.

»Das ist eine hervorragende Idee«, sagte Laura. »Daniel sagt –«

Am anderen Ende gab es wieder das Schluckgeräusch.

»Wer ist Daniel?«, fragte ihr Vater.

»Das erzähl ich dir am Samstag. Paps, geht es dir gut?«

»Mir? Och, doch, ja. Aber noch besser, wenn ich dich sehen kann.«

57

»Dann also bis nächsten Samstag.« Laura fand, dass ihr Vater sich manchmal ganz schön seltsam anhörte.

Hilfe! Ich brauche jemanden!

Falls Chelsea sich noch irgendwelche Hoffnungen gemacht hatte, dass sich die Dinge für sie zum Guten wenden würden, waren die spätestens am Mittwoch zerstört. Am Montag stauchte Miss McConnell sie zusammen, weil sie ihre Hausaufgaben in Französisch nicht vollständig gemacht hatte, und sagte ihr, dass sie nicht zu viel Rücksicht und Geduld erwarten dürfe und dass sie ihren Verstand nicht nutzen würde und sich endlich mal zusammenreißen solle.

Während der Mittagspause am Montag fragte Chelsea Laura, ob sie zu ihrem Geburtstagsessen bei *Lorenzo* mitkommen wolle.

»Oh, tut mir Leid – leider nicht, es geht nicht, ich bin mit meinem Vater verabredet«, antwortete Laura.

»Tja, na, okay – aber wie wär's, wenn wir stattdessen morgen zusammen einen Einkaufsbummel machen?«, schlug Chelsea vor. »Du kannst mir dabei helfen, mein hoffentlich zu erwartendes Geburtstagsgeld unter die Leute zu bringen.«

»Geht nicht. Ich mache mit Daniel bei einer Demo mit.«

»Einer was?« Chelsea riss die Augen auf.

»Einer Demonstration bei den Leehampton Labors«, erläuterte Laura. »Da machen sie diese grausamen Tierversuche mit Kaninchen und Katzen und so. Willst du nicht mitkommen?«

»Nein danke«, sagte Chelsea. »Und außerdem, wofür

58

soll das gut sein? Irgendwie müssen sie doch den Kram testen, und wenn sie das bei Menschen nicht dürfen, dann tun sie's eben bei Tieren.«

»Wie kannst du bloß so was sagen!«, schrie Laura. »Wie kannst du nur so egoistisch sein! Es wäre doch viel besser, wenn wir gar keine Kosmetik hätten, statt die Tiere für unsere Eitelkeit leiden zu lassen.«

Chelsea zuckte die Achseln. »Egal. Außerdem ist es mein Geburtstag – kannst du denn deine guten Werke nicht ein anderes Mal vollbringen?«, murrte sie.

»Aha! Chelsea Gees Geburtstag ist also wichtiger als das Leben von Tieren, ja? Na toll! Und ich dachte, du wärst meine Freundin!«

Damit stolzierte sie davon zum Erdkundeunterricht. Chelsea war platt. Natürlich war sie Lauras Freundin. Sie waren seit Ururzeiten miteinander befreundet. Das war doch allgemein bekannt. Aber wenn sie sich die Sache mal richtig betrachtete, wenn das wirklich Freundschaft war, wie konnte Laura sie dann so im Stich lassen? Ihr Geburtstag war doch bestimmt wichtiger als irgend so eine blöde Protestiererei?

Sumitha kommt bestimmt mit, dachte Chelsea am Dienstagabend und rief sie an. Aber Sumitha bedauerte und sagte Nein, ihr Vater nähme sie mit in die Röntgenabteilung vom Krankenhaus, damit sie mal seine Arbeit kennen lernen könnte.

»Oh, das klingt aber aufregend!«, sagte Chelsea verächtlich. »Kannst du das denn nicht mal wann anders machen!«

»Eigentlich nicht«, sagte Sumitha.

»Na toll«, entgegnete Chelsea.

Es wurde noch schlimmer, als ihr Vater am Mittwochabend sagte: »Ich hab vier Plätze reservieren lassen – wen hast du denn eingeladen?«

»Och, ich weiß noch nicht genau«, nuschelte Chelsea.
»Ich sag's dir morgen.«

Es war so demütigend. Alle anderen fünfzehnjährigen Mädchen hatten einen Freund, den sie mitnehmen würden, aber jeder Junge, für den sie schwärmte, hatte die Flatter gemacht: erst Rob, dann Guy... Da hatte sie einen Einfall.

»Porter's Lodge. Ja, bitte?«

»Ich möchte gern Guy Griffith sprechen, aber ich kenne seine genaue Adresse im Studentenwohnheim nicht.« Chelseas Herz klopfte wie wild.

»Warten Sie bitte einen Augenblick – oh, ja, Campbell Hall. Ich verbinde.«

Es dauerte schrecklich lange, aber dann meldete sich eine Mädchenstimme.

»Campbell Hall, Michelle Phillips am Apparat.«

Chelsea sagte, sie wollte Guy sprechen. Dann gab es wieder eine lange Wartezeit und schließlich tönte sein unverwechselbarer amerikanischer Akzent aus dem Hörer.

»Guy Griffith am Apparat. Mit wem spreche ich?«

»Ich bin's, Chelsea«, hauchte Chelsea und hoffte, ihre Stimme klänge heiser und sexy.

»Wer?«

»Chelsea. Warwicks Schwester.«

»Ach ja, klar. Na, wie geht's denn immer so?«

»Gut. Hör mal. Ich hab am Samstag Geburtstag und wir gehen auswärts essen und da wollte ich dich fragen, ob du mitkommen willst«, schnatterte sie und brachte es fertig, sich beide Daumen zu drücken, ohne dass der Hörer runterfiel.

Es gab eine Pause.

»Es ist ein hübsches Restaurant, echt«, fuhr sie fort.

»Äh, tja, puh. Vielen Dank für die Einladung, aber es

ist doch eine ziemlich weite Fahrt, nur für ein Abendbrot.« Er lachte. »Und um ehrlich zu sein, ich wollte mit Michelle – das ist meine Freundin – am Samstag ins Studententheater. Aber nochmals vielen Dank für die Einladung – amüsier dich gut.«

»Danke«, würgte Chelsea heraus. Während sie den Hörer hinknallte, liefen ihr ein paar Tränen über die Wangen. Niemand auf der ganzen weiten Welt hatte sie lieb.

Regieanweisungen

»So, hört mal alle her, ich möchte euch zwei neue Mitschülerinnen vorstellen.« Miss Olive Ockley war eine stattliche Frau, ihr eisengraues Haar trug sie zu einem Knoten zurückgekämmt. Sie kam wie eine Fregatte angesegelt und hatte eine Stimme, mit der sie selbst in einem riesigen Theater bedeutungsschwangere Lyrik hätte vortragen können.

»Das ist Jemma Farrant, die an einer ganzen Reihe von Kursen teilnehmen will, richtig, Jemma?«

Jemma nickte. Ihre Mutter fand zwar immer noch, dass ein Kurs reichte, aber Jemma war wild entschlossen, ihren Vater am nächsten Wochenende einzuwickeln und rumzukriegen.

»Und das…« – Miss Olive wandte sich einem schmächtigen Mädchen von vielleicht zwölf Jahren zu; die Kleine hatte lange blonde Haare und riesengroße graue Augen, die ihr Gesicht beherrschten – »…ist Alexa Browning.«

Alexa lächelte unsicher. Jemma fiel ein, dass sie sie

schon mal in der Schule gesehen hatte – sie ging in dieselbe Klasse wie Sumithas kleiner Bruder –, und stellte neidvoll fest, dass ihre Zähne völlig ebenmäßig waren. Jemma machte sofort den Mund zu, damit niemand ihre vorstehenden Eckzähne sehen konnte.

»Also«, Miss Olive gab ihrem mächtigen Busen einen schwungvollen Schubs und strahlte die versammelten Schülerinnen und Schüler an, »wie ihr alle wisst, beginnt die Sommersaison des Stadttheaters im März. Und ich habe Neuigkeiten für euch!« Sie machte als Theaterprofi eine Pause zur Erhöhung der dramatischen Spannung. »Anstatt bei der Olive-Ockley-Tanz- und Schauspielschule (Miss Olive erwähnte ihre Institution stets nur mit vollem Namen, als ob eine Abkürzung irgendwie den Ruf schmälern könnte) nur wegen ein paar Mitspielern für das Weihnachtsmärchen anzufragen, haben sie in diesem Jahr sage und schreibe *drei* Produktionen, für die sie Schauspieler unter sechzehn benötigen.«

Aufgeregtes Getuschel breitete sich im Raum aus. Die Mädchen setzten sich aufrechter hin, strichen sich übers Haar und versuchten unbeeindruckt auszusehen, als ob das Ergattern einer Rolle am ruhmreichen Royal Theatre das Letzte wäre, woran sie dachten.

»Die in Frage kommenden Stücke sind ›Great Expectations‹, ›Cider with Rosie‹ – darin gibt es einige reizende Rollen für junge Kollegen – und dann natürlich noch das Weihnachtsmärchen, das in diesem Jahr ›Aladin und die Wunderlampe‹ sein wird.«

Jemma schlang entzückt die Arme um sich. Wenn sie nur eine der Rollen bekäme, würde sie nächstes Jahr um diese Zeit bereits eine Berühmtheit sein. Sie müsste nur von jemand Einflussreichem entdeckt werden, dann könnte aus ihr die Nachfolgerin von Emma Thompson werden. Sie sah sich im Raum um.

Sie musste zugeben, dass einige der Mädchen hier hübscher waren als sie, aber hatten sie auch die gleiche Ausstrahlung? Wie nannte Miss Olive das? Den Funken? Alexa stand in der Ecke, die Arme vor der Brust gekreuzt, und sah sehr schüchtern aus. So ähnlich war ich auch mal, dachte Jemma. Aber das ist lange her, jetzt wird die Welt eine neue Jemma kennen lernen. Nächste Woche lasse ich mir Strähnchen machen. Oder vielleicht eine dicke blonde Strähne.

»Ich muss die möglichen Kandidaten zum Vorsprechen für den jungen Pip und für Estella nächsten Monat nennen, deshalb werde ich euch aufmerksam beobachten«, sagte Miss Olive gerade. »So, dann wollen wir jetzt mal anfangen.«

Die nächsten zwei Stunden vergingen wie im Flug. Das Thema war Angst und Jemma war beeindruckt, wie viel man an Gefühlsausdruck in die Situationen hineinpacken konnte, die sich Miss Olive ausdachte. Sie selbst war ganz erfolgreich mit ihrer Mimik und der gepressten Sprechweise, aber Miss Olive meinte, Jemmas Körper bliebe viel zu entspannt für eine, die gerade von panischer Angst geschüttelt wurde. Dann teilten sie sich in Gruppen auf und lasen aus Theaterstücken und jeder übernahm verschiedene Rollen.

»Du gehst auf die Lee-Hill, nicht wahr?«, fragte Alexa schüchtern am Ende der Stunde. »Du warst die Nancy in ›Oliver!‹.«

Jemma nickte. »Ja, das stimmt.«

»Du warst toll«, sagte Alexa bewundernd. »Ich wünschte, ich könnte so spielen wie du.«

»Oh, bestimmt kannst du das irgendwann, du brauchst nur noch ein bisschen mehr Erfahrung«, sagte Jemma herablassend.

Auf dem Heimweg ging Jemma bei der Bibliothek

vorbei und lieh sich »Great Expectations« aus. Denn eins stand fest: Sie, Jemma Farrant, würde ganz bestimmt diejenige sein, die die Estella spielen würde.

Später am gleichen Abend kam Rob bei Jemma vorbeigeradelt.

»Wie hat's in deinem Kurs geklappt?« Er gab ihr einen Kuss.

»Super! Und stell dir vor, das Royal Theatre wird ›Great Expectations‹ aufführen und sie werden Leute vorsprechen lassen und ich will die Estella spielen.«

»Klingt gut«, sagte Rob anerkennend. »Aber ich nehme mal an, da werden viele Schlange stehen.«

»Wahrscheinlich, aber ich bin fest entschlossen. Ich krieg die Rolle.«

»Na, hoffentlich sind deine Erwartungen nicht zu hoch geschraubt. Schließlich hast du ja erst vor kurzem mit dem Spielen angefangen«, wandte Rob vernünftig ein. »Sonst bist du am Ende enttäuscht.«

»Ich dachte, du hast mich gut gefunden«, beklagte sich Jemma.

»Bist du doch auch – du bist Spitzenklasse«, sagte Rob rasch. »So spitze, dass ich gern öfter mit dir zusammen sein will. Wollen wir am Samstag was unternehmen?«

Jemma war wieder versöhnt und gern dazu bereit. Es war doch nett, wenn man geschätzt wurde.

Am gleichen Abend rief Jon bei Sumitha an.

»Bitte, hör mir erst mal zu, bevor du irgendwas sagst. Es tut mir Leid, ehrlich. Du musst mir glauben: Ich hab keiner Menschenseele erzählt, dass du meine Freundin bist, und ich hätte dir besser zuhören sollen, als du mir neulich etwas mitteilen wolltest und – können wir nicht einfach so tun, als ob das nie passiert wäre, und einfach noch mal von vorn anfangen? Bitte.«

»Als Freunde? Nur als Freunde, nicht Verliebte?«, sagte Sumitha streng.

Jon seufzte innerlich. Aber das war immerhin besser als gar nichts.

»Als Freunde«, bestätigte er. »Wie wär's, wenn wir uns am Samstag treffen würden, damit du mir alles noch mal erzählen kannst? Bitte!«

»Na gut. Am Nachmittag«, sagte Sumitha.

Sorge diesmal aber dafür, dass es nicht wieder in die Hose geht, ermahnte Jon sich selbst.

Chelsea auf verbotenen Wegen

Am Freitag war Chelsea nicht nur sauer, sie war tief unglücklich. Normalerweise wäre sie wegen ihres Geburtstags aufgeregt gewesen, aber da nur ein doofes italienisches Essen mit ihren Eltern als Feier auf sie wartete und es keine ihrer Freundinnen der Mühe wert erachtete mitzukommen, worauf sollte sie sich da eigentlich freuen? Die Vorstellung, bei einer Lasagne dabei zuschauen zu müssen, wie ihre Eltern sich abmühten, hip und cool zu sein, deprimierte sie dermaßen, dass sie fast ihren Stolz heruntergeschluckt und Jemma gefragt hätte, ob sie nicht mitkommen wolle. Wenigstens hätte die sich dann an diesem Abend nicht mit Rob treffen können.

Sie saß auf dem Mäuerchen vor dem naturwissenschaftlichen Trakt und tat so, als wäre ihr schlecht, um die Zeugungsaktivitäten der niederen Reptilien nicht mit ansehen zu müssen, als Bex um die Ecke geschlendert kam.

»Hi, Chelsea«, sagte Bex. »Schwänzt du?«

Chelsea nickte.

»Kommst du mit in die Stadt?«, lud Bex sie ein, während sie ihre schwarz lackierten Fingernägel kritisch beäugte.

»Was denn, jetzt?« Chelsea zögerte. Es war die eine Sache, wenn man so tat, als ob man sich gleich übergeben müsste, aber eine ziemlich andere Angelegenheit, wenn man um halb elf außerhalb des Schulgeländes erwischt wurde.

»Klaro, jetzt.«

Ach, zum Teufel!, dachte Chelsea.

»Ja, klaro doch, echt cool.« Sie gab sich Mühe, die Redeweise von Bex nachzuahmen.

»Wir hauen durch das Nebentor ab.« Bex ruckte mit dem Kopf in Richtung Sportgelände. »Da besteht weniger Gefahr, dass man uns sieht. Ich will mir mal die neuen Klamotten bei *Schrill* ansehen, du weißt schon, diese neue Boutique. Ich hab ein paar Mäuse zum Ausgeben – wie ist das mit dir, hast du Knete?«

Chelsea schüttelte den Kopf.

»Wenn ich Glück hab, krieg ich morgen vielleicht was. Da hab ich Geburtstag.«

»Echt? Wo ist denn die Party?« Bex zerrte Chelsea über die Straße zum Eingang der Ladenpassage.

»Meine Eltern haben mir keine erlaubt.« Chelsea sah ängstlich über die Schulter, ob irgendwer von der Schule sie sehen konnte. »Sie meinen, es käme zu teuer. Du weißt schon, immer derselbe Scheiß, dass Geld nicht auf den Bäumen wächst und so…«

»Na und? Wer braucht denn Eltern für 'ne Party? Ich sag dir was – warum kommst du nicht einfach

66

abends in die *Kippe*? Du weißt schon, die Disco neben dem Bowlingcenter. Ich und Fee sind da. Wahrscheinlich kommt Truc auch und dann kannst du mal Spike, Eddie und die andern von der Clique kennen lernen.«

Da gibt es wen, der mich mag, dachte Chelsea. Dann fiel ihr das Essen wieder ein.

»Ich soll aber vorher mit meinen Eltern zu *Lorenzo* essen gehen«, gestand sie.

Es klang schrecklich blöd, als ob sie ein kleiner Hosenscheißer wäre, der einen ausgegeben kriegte.

Bex hob ihre schmal gezupften Augenbrauen. »Zu *Lorenzo*? Sehr nobel.«

»Mein Vater macht im Fernsehen bei diesem Superkochding mit und da will er sich inspirieren lassen«, erfand Chelsea einfach, damit sie eine akzeptable Entschuldigung hatte. »Ich fürchte, ich kann mich nicht davor drücken.«

Bex knabberte an ihrer Lippe. »Wir sind früher auch manchmal essen gegangen, bevor mein Vater abgehauen ist«, sagte sie wehmütig. »Egal, warum kommst du nicht einfach später dazu? Die *Kippe* ist doch gleich um die Ecke von *Lorenzo*.«

»Ich schau mal.« Chelsea war geschmeichelt, dass sie gefragt worden war. »Aber meine Mutter macht deswegen wahrscheinlich Krach. Lässt deine dich einfach so überall hingehen?«

Bex hob die Schultern. »Der ist doch egal, was ich mache. Die hat sowieso keine Ahnung. Komm, los, wir wollen mal diese Satinstretchhosen anprobieren – ich bin ganz wild auf die knallrote!«

Ich könnte Bex zu dem Essen einladen, überlegte Chelsea. Dann fielen ihr wieder die vernichtenden Kommentare ihres Vaters über die Klamotten von Bex ein und sie entschied sich dagegen. Das würde vielleicht ein Geburtstag werden!

»Wo warst du heute Morgen?«, fragte Laura nachmittags, als sie in den Schulbus einstiegen. »Miss McConnell hat mich rausgeschickt, um nachzusehen, ob dir immer noch schlecht ist, und ich konnte dich nirgends finden.«

»Was hast du ihr gesagt?« Chelsea schluckte.

»Ich hab gesagt, du wärst heimgegangen…« – Laura quetschte sich auf einen Fensterplatz – »…aber dann warst du nach der Mittagspause auf einmal wieder da. Was war denn los?«

»Wenn du es unbedingt wissen willst: Bex und ich sind in der Stadt gewesen«, sagte Chelsea so lässig, wie sie konnte.

»Bex? Bex Bayliss? Warum gibst du dich denn mit der ab? Die ist doch der totale Freak.«

»Ist sie nicht, überhaupt nicht. Jedenfalls nicht freakiger als eine, die sich die ganze Zeit Sorgen um Kaninchen und weiße Mäuse macht«, lästerte Chelsea.

»Du führst dich in letzter Zeit echt mies auf, nur damit du's weißt! Erst neulich hast du dich Jemma gegenüber fies benommen und jetzt hackst du auf mir rum, weil es mir was ausmacht, wenn Tiere in Labors zu Tode gefoltert werden. Ich hab dich mal für richtig cool gehalten, aber du hast dich verändert. Du bist nicht mehr die Freundin, die ich mal hatte.«

»Ich hab mich geändert? Und was ist mit Jemma, wie sie immer rumstolziert und angibt wie eine Tüte Mücken und dauernd nur von diesem blöden Schauspielunterricht labert? Und du? Wann hast du mich das letzte Mal besucht? Oh, dafür hast du keine Zeit mehr, du musst ja jetzt dauernd Transparente malen und um deinen Daniel rumscharwenzeln. Du hast ja nicht mal Zeit, morgen Abend mitzukommen, weil dein Vater dich dann bei sich haben will. Tja, weißt du, es ist mir stinkegal – jetzt ist Bex meine Freundin, mit ihr kann man wenigstens Spaß haben, das ist bei dir ja nicht mehr möglich!«

»Ach, hau doch ab!«, fauchte Laura.

Väterprobleme

Chelseas Vater stellte sich an der Schlange vor dem Bankautomaten an und überschlug im Kopf noch mal die Zahlen. Wenn er genug abhob, um das Essen im Restaurant bezahlen zu können und Chelseas Geschenk zu kaufen, würde auf dem Konto nicht genug bleiben, um die längst überfällige Gasrechnung oder die Hypothekenzinsen zu bezahlen. Er hatte seinen Kredit bereits bis zum äußersten Limit ausgenutzt, um die Autoinspektion zu bezahlen, und jetzt sollte er noch für dieses verdammte Ministereosystem für Chelsea blechen, denn wenn das nicht auftauchte, konnte das anscheinend ihren sofortigen Abgang von dieser schönen Welt zur Folge haben. Er und Ginny waren sich deshalb ziemlich in die Haare geraten. Seiner Meinung nach musste Chelsea lernen, dass sie nicht jeden Wunsch augenblicklich erfüllt bekommen konnte, aber Ginny meinte, dass sie ungefähr so wie ihre Altersgenossinnen behandelt werden musste, und die hatten alle solche Anlagen. Ginnys Ansicht nach tastete Chelsea sich gerade zum Erwachsensein vor; Barry wünschte nur, sie würde sich beeilen und endlich da ankommen.

Er fand es scheußlich, dass sie so knapp bei Kasse

waren. Seit seiner Entlassung aus der Firma damals war er finanziell am Strampeln. Und auch wenn er es gar nicht gern zugab: Diese neue Unternehmung war nicht unbedingt eine Goldquelle. Er setzte zwar nichts zu – aber er verdiente auch nicht viel. Wenn er bloß genug Startkapital für ein Restaurant zusammenbekäme – aber das blieb wohl ein Traum. Er konnte nur noch hoffen, dass er im nächsten Monat bei der Endausscheidung vom SUPERKOCH Glück hatte und den ersten Preis, die dreitausend Pfund, gewann. Seine Bank wäre bestimmt hellauf begeistert.

Die Frau vor ihm trat zur Seite und Barry entschied sich für den Bankrott. Er steckte seine Karte in den Bankautomaten und wartete darauf, dass die Scheine aus dem Schlitz geschossen kamen. Aber nichts rührte sich. Stattdessen blitzte in geisterhaft grünen Buchstaben eine kurze Nachricht auf dem Bildschirm auf: »Transaktion nicht durchführbar. Bitte wenden Sie sich an Ihre Bank.«

Ich weiß, warum sie grüne Schrift dafür nehmen, dachte er zynisch, während er seine Karte wieder einsteckte. Damit einem noch schlechter wird, als man sich eh schon fühlt. Tja, Chelsea, das war deine Stereoanlage.

Rajiv Banerji machte sich Vorwürfe. Sumithas Bemerkung hatte Besorgnis bei ihm ausgelöst. »Falls Sandeep Naturwissenschaften studieren wollte, würdest du ihn wahnsinnig loben«, hatte sie gesagt. Rajiv hatte darüber nachgedacht und ihm war klar geworden, dass Sandeep eigentlich überhaupt nichts über sich preisgab. Okay, er war vielleicht noch zu jung, um sich Gedanken über seinen späteren Beruf zu machen, aber Rajiv hatte plötzlich gemerkt, dass er keine Ahnung hatte, was die

Lieblingsfächer seines Sohnes oder wer dessen beste Freunde waren. Anders als Sumitha brachte Sandeep seine Freunde nie zum Spielen mit nach Hause. Sie hatte in seinem Alter halb Leehampton in ihr Zimmer geschleift. Eigentlich hatte Rajiv nicht die leiseste Ahnung von dem, was in seinem Sohn vorging.

Sumitha und Sandeep waren so verschieden voneinander wie Feuer und Wasser. Manchmal war Rajiv der Gedanke gekommen, dass Sumitha besser ein Junge hätte sein sollen: Sie war viel mutiger, forscher und selbstbewusster. Sandeep hatte niemals irgendwelche Probleme gemacht, er war ein schüchterner, zarter Junge, ein bisschen klein für sein Alter, der am liebsten in seinem Zimmer saß und las oder Modellflugzeuge bastelte.

Aber in letzter Zeit schien er noch um Einiges verschlossener als sonst. Rajiv hatte deshalb Schuldgefühle: Vielleicht sollte er mehr Zeit mit seinem Sohn verbringen. Er könnte mal mit ihm zu dem Laden fahren, wo es die Bastelbögen gab. Aber nicht an diesem Wochenende – da hatte er Dienst und außerdem Sumitha versprochen, ihr die neue Röntgenabteilung zu zeigen. Nächstes Wochenende. Er würde nächstes Wochenende mit Sandeep in den Laden fahren.

Andrew Farrant nahm eine knallgelbe Pappsonne und zwei Kleiderbügel von seinem Lieblingssessel und ließ sich dann dankbar hineinfallen. Es war ein anstrengender Tag gewesen: sieben Operationen, der kleine Tommy Anderson hatte nach der Mandeloperation noch einmal schlimme Nachblutungen gehabt, und jetzt hatte er ziemlich hohes Fieber. Später musste Andrew Farrant noch mal zum Krankenhaus und nach ihm sehen.

Er zog eine Schachtel mit Knete unter dem Kissen

hervor. Seitdem Claire die Leitung dieser Krippe übernommen hatte, ähnelte sein Zuhause einer Mischung aus Vorschule und einer alternativen Kunstgalerie und er wusste nicht genau, ob ihm das gefiel. Aber er sollte sich nicht beklagen, schließlich hatte er selbst Claire seit Monaten zugeredet, sie sollte sich irgendeine Betätigung außerhalb ihrer vier Wände suchen, und er musste zugeben, dass sie ihn viel seltener mit irgendwelchem Kleinkram behelligt hatte, seitdem sie die Leitung der Krippe übernommen hatte.

Doch jetzt regte sie sich gerade ziemlich über Jemmas neue Schauspielbesessenheit auf. »Ich habe ihr gesagt, sie darf nur einen Kurs belegen«, hatte Claire am vergangenen Abend zu ihm gesagt. »Ich wette, jetzt rennt sie zu dir und versucht dich rumzukriegen, dass sie mehr machen darf.«

»Warum darf sie denn nicht?«, fragte Andrew.

»Einmal kostet es sehr viel. Diese Kurse sind nicht billig, weißt du. Und außerdem soll sie erst mal ihren Realschulabschluss hinter sich bringen, und du weißt ja, wie sehr sie ihren Schlaf braucht, und sie wird momentan ziemlich aufsässig…«

»Kriegt ein bisschen Selbstbewusstsein, meinst du das?«, streute er ein.

»…und jetzt will sie sich auch noch die Haare tönen und außerdem wissen wir gar nicht, mit welchen Leuten sie da zusammenkommt, deshalb müssen wir –«

»Moment, Moment«, fuhr Andrew dazwischen. »Liegt es nun daran, dass du das Geld dafür nicht ausgeben willst, oder ist es die Arbeit für die Schule oder das Haaretönen? Oder liegt es vielmehr daran, dass dann unsere liebe Jemma länger als zwei Stunden hintereinander aus deinem Blickfeld verschwindet? Sie lebt jetzt ihr eigenes Leben, weißt du.«

Er hatte gar nicht so schroff sein wollen – er war müde gewesen.

Claire hatte ihn mit roten Wangen und verdächtig glänzenden Augen angestarrt. »Dann tu doch, was du für das Beste hältst«, sagte sie. »Schließlich bin ich ja nur ihre Mutter.«

Andrew hob die Zeitung hoch und seufzte, als er in Gedanken diese Unterhaltung noch mal Revue passieren ließ. In diesem Augenblick platzte Jemma ins Zimmer.

»Papi, ich wollte dich um einen Gefallen bitten«, sagte sie. »Es ist wegen der Schauspielerei.«

»Ja.«

»Weißt du, es gibt noch zwei andere Kurse, und da habe ich überlegt…«

»Ja«, wiederholte ihr Vater. »Ja, du kannst die beiden Kurse belegen – aber wenn deine Schularbeiten darunter leiden, hat es damit sofort ein Ende, und keine Diskussionen mehr!«

Jemma schlang die Arme um seinen Hals. »Papi, du bist wunderbar!«, rief sie. »Ich werde büffeln, das verspreche ich dir – und außerdem, Schauspielerei ist auch echte Arbeit, denn wenn ich berühmt bin, dann wirst du…«

»Nun mach mal langsam«, sagte Andrew. »Du weißt doch noch gar nicht, ob du darin wirklich so gut bist.«

»O doch.« Jemma warf ihr Haar zurück und schenkte ihrem Vater ein – wie sie hoffte – verführerisches Lächeln. »O doch, ich weiß es.«

Am Samstagmorgen überprüfte Henry Joseph seine Figur im Badezimmerspiegel. Nicht schlecht, nicht schlecht für einundfünfzig. Er tätschelte zufrieden seinen Bauch – dieses viele Joggen machte sich lang-

73

sam bezahlt. Was er jetzt brauchte, war ein gutes Golf-spiel.

»Jon!«, rief er. »Jon, hättest du Lust auf eine Runde Golf heute Nachmittag?«

»Nein«, kam es hinter Jons geschlossener Tür hervor. »Ich bin verabredet.«

»Mit dieser kleinen indischen Schnitte?« Henry gluckste und klatschte sich Macho-Aftershave auf sein gerötetes Doppelkinn.

Jon kam aus seinem Zimmer geschossen.

»Mit Sumitha, jawohl«, antwortete er scharf. »Warum musst du immer so reden? Ich glaube kaum, dass Mrs. Banerji mich ›den englischen Knilch‹ nennen würde.«

»Nun beruhige dich bloß wieder«, Henry hielt die Hände hoch, als wollte er sich ergeben. »Sie sind genauso gut wie wir – fast!« Er kicherte.

»Du machst mich krank!«, brüllte Jon.

Peter Turnbull goss sich einen Scotch ein und dachte darüber nach, wie sehr er sich auf den Abend mit Laura freute. Weihnachten war eine ziemliche Katastrophe gewesen – obwohl er daran keine Schuld hatte – und jetzt wollte er nur noch eine nette Unterhaltung mit seiner Tochter und eine Chance, seine Angelegenheiten ein für alle Mal in Ordnung zu bringen. Das letzte Jahr war in mehrfacher Hinsicht schwierig gewesen und er fühlte sich sehr entnervt und sehr gestresst. Betsy war nicht sehr hilfreich – er hatte sie immer für mitfühlend, ja einfühlsam gehalten, aber in letzter Zeit hatte sie sich mehrfach sehr intolerant und unbeherrscht über seine Launen geäußert. Und was ihre Kinder anging: Die hatten an allem, was er sagte oder tat, etwas auszusetzen. Er verstand das nicht, denn er hatte sich wahnsinnige Mühe gegeben, nett zu ihnen zu sein. Laura hatte sich nie so aufgeführt. Aber das war es ja gerade: Laura war etwas Besonderes und er musste sich eingestehen, dass er von Betsys Fähigkeiten in der Kindererziehung nicht begeistert war. Er hatte versucht, mit ihr darüber zu reden, aber sie wollte nicht auf ihn hören. Betsy war ziemlich beleidigt gewesen, dass sie und ihre Kinder nicht auch eingeladen waren.

»Wir sind jetzt eine Familie und deine ach so wunderbare Tochter muss das endlich akzeptieren«, hatte sie gesagt. »Es wäre wieder eine gute Gelegenheit für Sonia und Darryl, Laura ein bisschen besser kennen zu lernen.«

Aber Peter war standhaft geblieben. Der heutige Abend gehörte Laura und ihm. Der heutige Abend war die erste Stufe bei der Durchführung seines Generalstabsplans.

Laura behauptet sich

»Sieh mal, Mama«, sagte Laura am Samstagmorgen, als ihre Mutter mit ziemlich verquollenen Augen in der offenen Küchentür auftauchte. »So machst du das in Zukunft: Dieser Karton ist für Konservendosen, dieser für Plastik, dieser für alte Textilien…«

»Einen Augenblick, bitte«, sagte ihre Mutter und fasste sich mit der Hand an den Kopf, »du kannst mir doch nicht die ganze Küche mit diesen Kartons voll stellen.«

»Ach so, das ist ja nett, kneif du nur!«, schimpfte Laura und klebte das letzte Schild auf eine zerbeulte Schachtel. »Sieh mal, Mama, du willst doch, dass das Baby in eine Welt kommt, in der man leben kann, oder?

Denk doch mal darüber nach – denk an all die Energie und die verschwendeten Ressourcen und –«

»Okay, okay«, sagte ihre Mutter. »Ich mach einen Vertrag mit dir: zwei Kisten bei der Waschmaschine und damit hat es sich. Die anderen bitte in den Unterschrank, wo ich sie nicht zu sehen brauche.«

»O ja, dann sind sie aus den Augen, aus dem Si…«, fing Laura an.

»Laura!«

»Na gut.«

»Ich muss heute Morgen weg«, sagte Laura später, während sie beim Frühstück saßen.

»Wohin gehst du diesmal?«, fragte Melvyn. »Irgendeine bewusstseinsverändernde Aktivität wie Einkaufen, ja?«

Laura bedachte ihn mit einem Blick, der ihn erblassen lassen sollte.

»Wenn du es genau wissen willst: Ich werde heute bei einer Demo mitmachen.«

Sie fand, das klang ziemlich gut.

Melvyn und Ruth sahen sich beunruhigt an.

»Was denn für eine Art von Demo genau?«, fragte Ruth.

»Vor den Leehampton Labors«, sagte Laura. »Wusstet ihr, dass sie Shampoo in die Augen von Kaninchen spritzen und Haargel an Ratten verfüttern? Es ist grauenvoll.«

»Ich bin mir nicht so sicher, ob das mit diesen Demos wirklich so eine gute Sache ist«, fing Melvyn an.

»Sagt wer?«, grinste Laura höhnisch.

»Sage ich«, behauptete Melvyn. »Als ich zur Uni ging, hab ich bei ein paar von diesen Demos mitgemacht – gegen Atomwaffen und so –, und meistens endete das damit, dass eine kleine Gruppe von Leuten sich mit der Polizei anlegte und der ganzen Bewegung miese Schlagzeilen verschaffte.«

»Tja, diesmal wird es aber nicht so enden«, versicherte Laura. »Daniel hat so was schon öfter mitgemacht und er sagt –«

»Oh, Daniel«, unterbrach Ruth sie und seufzte. »Ich hätte mir ja denken können, dass der damit was zu tun hat.«

»Was soll denn das heißen?«, fragte Laura.

»Oh, nichts. Nur dass dein Recyclingfimmel und dein plötzliches Engagement für weiße Mäuse vielleicht irgendwas damit zu tun hat, dass du in diesen Kerl verknallt –«

Laura sah ihre Mutter fassungslos an. »Was willst du denn damit sagen, Mama? Was soll das Gelaber von ›verknallt sein‹? Du bist ja so was von asbach-uraltmodisch. Ich bin in gar niemanden verknallt – ich kümmere mich lediglich um die Welt und was mit ihr geschieht. Deine Generation hat unseren Planeten zerstört und meine Generation muss die Scherben aufsammeln. Und ich werde zu der Demo gehen, ganz egal, was du sagst!«

Ruth seufzte. »Na ja, ich denke mal –«

»Toll. Dann bis später.« Während sie die Reste ihres Toasts in den Mund stopfte, schnappte sich Laura ihre Jacke und flüchtete, bevor jemand sie aufhalten konnte.

An meinem Geburtstag heule ich,
wenn mir danach ist

»Herzlichen Glückwunsch zum Geburtstag, mein Schatz!« Ginny gab Chelsea einen Riesenschmatz und zeigte auf den Küchentisch, auf dem sich Päckchen und Glückwunschkarten türmten.

»Alles Liebe, meine Kleine«, sagte Barry, gab ihr ein Küsschen auf die Wange und schnappte sich einen Keramikkochtopf von der Anrichte. »Heute Abend können wir uns dann richtig unterhalten. Jetzt muss ich flitzen – ich mariniere gerade ein Kaninchen drüben in der Kantine und das darf nicht zu lange im Wein liegen.«

Toll, dachte Chelsea. Jetzt ist ihm schon ein totes Karnickel wichtiger als ich.

Ihre Augen wanderten über die Päckchen und ihr rutschte das Herz in die Knie. Keins von denen war groß genug für eine Stereoanlage, nicht mal für eine im Miniformat. Ein unangenehmer Knoten der Enttäuschung zerrte in ihrer Brust. Irgendwie hatte sie gehofft, dass ihre Eltern trotz aller Proteste doch noch am Ende damit rüberkommen würden. Jedenfalls war das früher immer so gewesen. Was nur wieder einmal bewies, dass sie sich überhaupt nichts mehr aus ihr machten.

»Willst du sie denn nicht auspacken?«, lockte Ginny, zog einen Stuhl heraus und setzte sich an den Tisch. »Sieh mal, das hier ist von Barry und mir.«

Chelsea riss das Geschenkpapier ab und öffnete die Schachtel. Darin lag ein goldener Anhänger in der Form eines Halbmonds und ein Paar goldene Sternenohrringe. Darum gewickelt war ein Scheck über fünfund-

zwanzig Pfund. Reicht nur knapp für ein Paar Caprihosen, dachte sie.

»Sie sind wunderhübsch, Mama – danke«, sagte Chelsea und versuchte begeistert zu klingen.

»Komm, ich mach sie dir mal an.« Ginny stellte sich
hinter Chelsea und hob deren Haare hoch. »Und weißt
du, mein Schatz, es tut mir Leid, dass wir dir die Anlage
nicht schenken konnten. Aber momentan haben wir
ganz schön zu knapsen. Sobald ich beim Rundfunk die
Gehaltserhöhung durchgepaukt habe und Barrys Ge-
schäft ein bisschen mehr abwirft, denken wir noch mal
drüber nach. Ist das in Ordnung so?«

Chelsea nickte. Sie wagte nicht zu sprechen, aus
Angst, dass sie losheulen musste.

»Dann sieh dir mal die anderen Sachen an«, drängelte
Ginny.

Also besah sich Chelsea pflichtgemäß die Gaben von
ihrer Tante (ein Scheck über fünfzehn Pfund, nicht
schlecht), von ihrer Patentante (ein Scheck über fünf-
undzwanzig Pfund, noch besser) und von ihrer Großmutter (ein Minirucksack, ganz schön gewagt bei deren
hohem Alter). Ein großes Paket mit einer afrikanischen
Maske und einem Wandbehang war von Geneva. Von
Warwick lag eine Karte dabei mit der Aufschrift: »Das
Geschenk kommt später, wenn ich mal reich bin!« Als
sie alles angeschaut hatte, konnte sie sich nicht länger
beherrschen und brach in Tränen aus.

»Oh, Chelsea, Schätzchen, was ist denn?«, fragte Ginny.

Chelsea schniefte ein bisschen und schwieg.

»Ach, du meine Güte, ist es schon so spät?«, rief ihre
Mutter nach einem Blick auf die Uhr. »Ich muss um
Viertel vor neun bei der Konferenz sein.« Sie griff nach
ihrem Diplomatenköfferchen und sah auf ihre schluch-
zende Tochter runter. Plötzlich wurde ihr alles zu viel.

Ob aus Frustration oder mütterlichen Schuldgefühlen, oder weil ihr Zeitungsartikel erst halb fertig war und sie keinen einzigen brauchbaren Gedanken dazu hatte, oder ob es darauf beruhte, dass sie ein halbes Dutzend verschiedene Jobs nach vier Stunden Nachtschlaf irgendwie bewältigen musste – sie wusste es nicht. Aber irgendwas in ihr platzte und sie schrie: »Verdammt noch mal, Chelsea, jetzt werde endlich erwachsen. Na gut, du hast leider nicht gekriegt, was du dir gewünscht hast, aber so ist das Leben nun mal. Du solltest dir endlich mal darüber klar werden, dass in der nackten, harten Realität nicht immer alles nach Wunsch und Laune geht. Ich seh dich dann heute Mittag.«

Chelsea sah ihrer sich schnell entfernenden Mutter mit tränenumflorten Augen nach. Sie ging weg, ohne sie in den Arm zu nehmen. An ihrem Geburtstag. Und sie war ungerecht. Chelsea heulte gar nicht wegen der Anlage. Sie heulte, weil keine ihrer Freundinnen, nicht mal Laura, ihr eine Glückwunschkarte geschickt hatte.

Der Satz mit X – war wohl nix

»Komm, wir gehen zu Fuß zu den Labors«, schlug Daniel vor. »Diese Schilder sind ein bisschen groß für den Bus – zeig mal deins.«

Laura drehte ihr Plakat um.

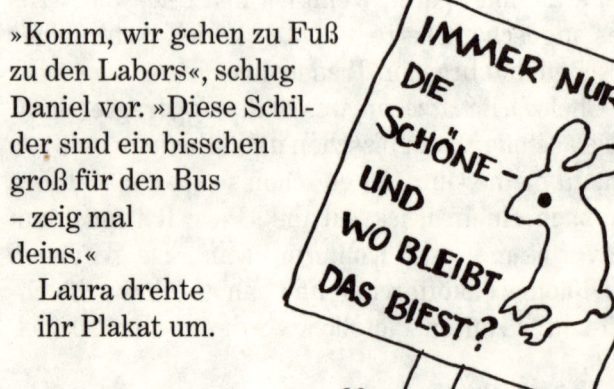

»Das ist genial!« Daniel war begeistert. »Du kannst echt gut formulieren – wie kommst du bloß immer auf solche Sachen?«

Laura zuckte die Achseln. »Die tauchen von ganz allein in meinem Kopf auf«, gab sie zu. »Ich werde später mal Schriftstellerin.«

Daniel grinste. »Du hörst dich an wie meine Schwester – sie sagt nie: Ich will Schauspielerin werden, sie sagt immer: Ich werde Schauspielerin sein.«

»Na ja, man muss sich eben ganz sicher sein. Ich wusste gar nicht, dass du eine Schwester hast.«

»Och, Alexa – die ist zwölf. Geht übrigens auf deine Schule. Sie war nicht auf der Silvesterparty, weil sie an dem Wochenende Verwandte in Sussex besucht hat.« Er betrachtete wieder Lauras Plakat. »Äh, soll das da drauf ein Kaninchen sein?«, fragte er zögernd.

Laura verzog das Gesicht. »Ja. Im Zeichnen bin ich eine Niete.«

»Ich auch«, gab Daniel zu. »Aber das Wichtigste ist der Text.«

Jon kann phantastisch zeichnen, dachte Laura. Vielleicht könnte ich ihn ja mal… Schluss damit!, befahl sie sich.

»Wie viele Leute werden denn mitmachen?«, fragte sie Daniel.

»Ach, mindestens dreißig vom College«, sagte Daniel. »Und vielleicht auch ein paar von der Kunsthochschule – und wahrscheinlich noch welche von den Tierschutzaktivisten aus Leehampton. He, hier müssen wir über die Straße.«

Er ergriff ihre Hand und das fühlte sich richtig nett an.

Laura lächelte ihm zu.

Als sie die Tore des Labors erreicht hatten, war da

schon eine ziemlich große Gruppe von Demonstranten versammelt, die Sprechchöre ertönen ließen und ihre Schilder schwenkten. Außerdem stand noch ein halbes Dutzend Polizisten am äußeren Zaun und schwatzte miteinander.

Daniel ging zu einem stämmigen Typen in Kordhosen und einem lila Parka, der aufmerksam durch dicke Brillengläser ein Blatt auf einem Klemmbrett studierte.

»Das ist Laura Turnbull, die macht heute zum ersten Mal bei so was mit«, sagte Daniel. »Laura, das ist Gavin Pykett – er ist der Vorsitzende von der Tierschutztruppe an unserem College.«

»Hi, Laura«, sagte Gavin. »Ihr zwei stellt euch besser dort drüben bei dem Nebeneingang auf.« Gavil deutete auf einen verriegelten Eingang. »Heute Morgen findet irgendeine wichtige Zusammenkunft statt und wir rechnen damit, dass der Vorsitzende der Leehampton Labors jetzt jeden Augenblick eintreffen wird. Wir werden beide Eingänge blockieren.«

Laura und Daniel schlenderten hinüber und setzten sich auf die Bordsteinkante.

»Laura – du bist doch Laura, nicht wahr?«

Laura sah hoch. Da stand, in einem leuchtend orangeroten Dufflecoat und in mehrere Schals eingehüllt, Jons Mutter. Laura riss erstaunt die Augen auf.

»Hallo, Mrs. Joseph – was machen Sie denn hier? Ich meine«, fügte sie hastig hinzu, weil sie nicht unhöflich klingen wollte, »ich hab nicht gedacht, dass ich Sie hier treffen würde.«

Anona lachte. »Warum nicht? Ich bin ziemlich wütend über diese ganzen Tierversuche, das kann ich dir sagen. Deshalb hab ich mich an der Kunsthochschule der Gruppe gegen Tierversuche angeschlossen – und jetzt bin ich hier!«

»Genial!«, sagte Laura. »Ich wünschte, meine Mutter wäre genauso drauf.«

Anona grinste. »Ich denke mal, wenn ich im siebten Monat wäre, würde ich auch lieber zu Hause bleiben! Hör mal, das ist ein klasse Spruch«, fügte sie hinzu und wies auf Lauras Plakat. Dann winkte sie ihr noch einmal zu und schlenderte zurück zum Haupttor.

Ich möchte wissen, ob Jon auch hier ist, dachte Laura und sah sich hoffnungsvoll um. Hör auf, ermahnte sie sich. Dann wandte sie ihre Aufmerksamkeit wieder Daniel zu. Er legte seinen Arm um ihre Schultern und sie gab sich alle Mühe, sich zu verlieben.

Fünf Minuten später setzten sich auf ein Zeichen von Dave alle hin. Die Tore waren nun durch Viererreihen aus Menschenkörpern blockiert.

Sie saßen etwa eine halbe Stunde so da. Nichts geschah. Gavin kam zu ihnen herüber. »Da geht irgendwas Merkwürdiges vor. Die Polizei macht sich gar nichts daraus, dass wir hier rumsitzen – sonst haben sie uns immer ungefähr um diese Zeit gedrängt, wir sollten wieder aufstehen.«

»Kann ich Ihnen irgendwie behilflich sein, Sir?« Ein grinsender Polizist kam angeschlendert.

Daniel sah ihn wütend an. Laura grinste zaghaft.

»Sie warten bestimmt auf die hohen Tiere, oder, Sir?« Der Polizist hatte sich Gavin zugewandt. »Das Treffen findet in der Firmenabteilung drüben in Swansea statt. War ein bisschen Zeitverschwendung, meinen Sie nicht, Sir?«

Irgendwie war das eine herbe Enttäuschung. Daniel war ziemlich sauer. »Jetzt glaubst du am Ende noch, dass wir hier bloß die Demonstranten spielen«, sagte er verdrossen. »Was hier passiert ist, ist einfach beschissen, und dabei hab ich mich so auf einen netten Zoff gefreut.«

Laura sah ihn überrascht an. »Was meinst du mit ›netten‹ Zoff?«

»Och, nichts weiter – ich habe nur gern mal das Gefühl, dass wir auch was erreichen. Aber nächsten Monat gibt's ja immer noch Fettlesham Downs.«

»Fettlesham Downs? Ist das nicht das neue Industriegebiet auf der anderen Seite der Stadt?«

Daniel nickte. »Dort hat *CurePlan* sein neues medizinisches Labor eröffnet. Sie testen Impfstoffe und neue Medikamente und alle möglichen anderen Sachen an Tieren, und eine Gruppe von uns will mal dahin.«

»Vielleicht darf ich da nicht mitkommen«, überlegte Laura.

»Na, wenn du dich von deinen Eltern daran hindern lässt zu tun, was du für richtig hältst, dann glaube ich…«

»Nein, nein – ich sag es ihnen. Du hast Recht, sie müssen das lernen. Sie sind so schrecklich unpolitisch«, fügte sie vertraulich hinzu.

»Meine auch. Ihre Generation ist eben so. Also, was ist: Machst du mit?«

»Klar. Klar mach ich mit.«

Jon erinnert sich

»Mama, ich bin am Verhungern. Wo warst du bloß?«

Anona wickelte ihre Schals ab und hängte ihren Mantel an die Flurgarderobe.

»Ich hab vor den Leehampton Labors demonstriert«, antwortete sie. »Du musst dir ein Sandwich machen, ich bin noch nicht zum Einkaufen gekommen.«

Jon seufzte. »Oh, Mama, aber du machst doch samstags immer deine Würstchen mit Kartoffelsalat. Und du hast schon seit Ewigkeiten keinen Kuchen mehr gebacken«, stöhnte er, während er in die leere Keksdose schaute.

Anona zuckte die Achseln und ließ Wasser in den Kessel laufen.

»Es gibt eben Wichtigeres im Leben als Kuchenbacken. Ich habe Laura Turnbull bei der Demo gesehen. Sie hatte ein tolles Schild gemalt: ›Immer nur die Schöne – und wo bleibt das Biest?‹ Fand ich klasse. Aber die Zeichnung von dem Kaninchen war irgendwie nicht so gelungen.« Sie lachte leise in sich rein.

»Laura könnte nicht mal was zeichnen, wenn sie ihr Leben damit retten müsste«, sagte Jon. »Ich wusste gar nicht, dass sie es auch mit dem Tierschutz hat. Obwohl man ja Laura nur was zum Streiten anbieten muss und schon legt sie los.« Er grinste.

»Ihr habt euch früher öfter mal gegenseitig besucht, nicht?«

»Mmmm.« Laura war schon eine Nummer, dachte er. Sie hatte irgendwas Temperamentvolles und Energisches an sich. Natürlich war Sumitha einfach wundervoll, daran gab es keinen Zweifel. Aber…

»Aber du bist jetzt natürlich fest verbandelt, oder?« Seine Mutter lächelte.

»Mama, halt dich da raus!« Jon warf ein Abtrockentuch nach ihr.

Namen sind Schall und Rauch

»Na, wie lief denn die Demo?«, erkundigte sich Melvyn, als Laura zur Tür reinkam.

»Gut«, erwiderte sie knapp. Sie würde niemals zugeben, dass eigentlich gar nichts passiert und alles reine Zeitverschwendung gewesen war.

»Und alle haben sich brav verhalten?« Melvyn gab nicht auf. »Keine gewalttätigen Typen dabei oder so?«

»Nein, es sei denn, du findest Jons Mutter eine gewalttätige Type, wie du es bezeichnest.« Laura schleuderte ihre Baseballmütze die Treppe hoch.

»Was hat denn Anona damit zu tun?« Ruth streckte ihren Kopf durch die halb geöffnete Küchentür.

»Sie war da, wenn du es genau wissen willst«, sagte Laura triumphierend. »Also kannst du doch kaum noch meckern, oder?«

»Anona Joseph? Auf der Demo?« Melvyn hörte sich erstaunt an.

»Ja, weil es der Zufall will, dass sie ein mitfühlender Mensch ist. Deshalb bleibt sie nicht einfach zu Hause sitzen, während stumme Tiere für die Gewinnmaximierung irgendwelcher Unternehmer geopfert werden!«, erklärte Laura und war ziemlich stolz auf ihre kurze heftige Rede.

»Na, sie kann tun, was sie will«, meinte Melvyn und sah etwas verwundert drein. »Ich bin mir noch nicht sicher, ob ich es gut finde, wenn du da mitmachst.«

»Na toll!«, brüllte Laura. »Tja, ich habe es auch nicht gerade gut gefunden, dass du dich mit meiner Mutter zusammengetan hast oder dass du sie geschwängert hast, aber das hat ja nichts daran geändert, oder?« Sie schmiss ihr Schild auf den Dielenboden und stürmte davon.

»Vielleicht ändert sich das mit Tarquin«, grinste Melvyn.

»Darauf würde ich mich nicht verlassen«, meinte Ruth.

Laura kam in die Küche gestürzt. »Wer ist Tarquin?«, fragte sie und warf eine leere Zahnpastaschachtel in den Karton mit dem Schild: »Pappe«.

»Ach, Tachchen, Schatz.« Ruth wandte einfach die uralte mütterliche Taktik an und tat so, als ob alles ganz und gar wunderbar wäre. »Falls das Baby ein Junge wird, wollen wir ihn vielleicht Tarquin nennen.«

»Ihr wollt was?«, schrie Laura hell entsetzt. »Das könnt ihr doch nicht tun – das ist ja grauenhaft! Ich lasse mich mit keinem Bruder sehen – keinem Halbbruder –«, korrigierte sie sich und sah Melvyn zornig an, »der Tarquin heißt, und das meine ich auch so.«

»Aha«, sagte Ruth.

»Na, aber wenn es ein Mädchen ist, dann wollen wir sie Phoebe nennen«, erläuterte Melvyn.

»Phoebe!«, schnaubte Laura entrüstet. »Phoebe! Seid ihr noch ganz dicht? Wo in aller Welt habt ihr solche bescheuerten Namen aufgetan?«

»Ich habe die Phoebe in der Schulaufführung von ›Was ihr wollt‹ gespielt«, sagte Ruth.

»Dann können wir ja von Glück sagen, dass sie nicht ›Othello‹ auf dem Spielplan hatten. Sonst würdet ihr sie am Ende noch Desdemona nennen.«

Stress beim Geburtstagsessen

»Was hat sie denn da an?«, flüsterte Barry Ginny zu, als sie ins *Lorenzo* hineingingen.

Chelsea trug ein Netzhemd mit Leopardenmuster, einen roten Minirock aus Leder und eine Zipfelmütze aus schwarzem Mohair, das Ergebnis ihres einsamen nachmittäglichen Einkaufsbummels in der Fußgängerzone. Sie blaffte ihn an: »Ich hab dich gehört – stimmt irgendwas daran nicht?« Sie fand Einkaufen ohne die Unterstützung ihrer Freundinnen grässlich und war sich nicht sicher, ob das Hemd ein guter Griff gewesen war.

»Nichts, überhaupt nichts«, sagte Ginny. »Sie sieht eben sehr szenemäßig aus, was, Barry?«, und dabei versetzte sie ihm einen ordentlichen Tritt mit ihrem Stiefel aus imitiertem Krokoleder.

»Ja, toll«, sagte er. Ich weiß nicht so recht, was ich von dem schwarzen Zeug rund um die Augen halten soll, dachte er, aber ich werde das lieber nicht laut sagen.

Im *Lorenzo* waren alle Plätze besetzt, aber Barry hatte in einer der hinteren Ecken unter dem künstlichen Weinlaub einen Tisch reservieren lassen.

»Von hier aus kann man toll Leute beobachten, was, Chelsea?«, zwitscherte Ginny, die sich, bevor sie von zu Hause losgingen, ausgiebig mit sich selbst beschäftigt hatte. Sie hatte ihre Hormonpille geschluckt, dazu etwas Schlüsselblumenöl, und sich eisern darauf programmiert, dass dieser Abend heute ein wirklich netter, angenehmer, freundlicher Abend im Kreise der Familie werden sollte. Sie wusste, dass Chelsea traurig war, weil weder Sumitha noch Laura hatten mitkommen können, und sie wollte ihr beweisen, dass auch ein Abend mit der Familie Spaß machen konnte.

»Na, was willst du denn essen, Schatz?«, drängte Ginny. »Du kannst dir aussuchen, was du willst – es ist ja schließlich dein Geburtstag!«

Chelsea sah auf die Speisekarte.

»Knoblauchcrostini, dann Spagetti Bolognese und einen Tomaten-Zwiebel-Salat, bitte. Und dazu massenhaft Knoblauchbrot.«

»Oh, Chelsea«, wandte Barry ein, »das nimmst du immer, wenn wir irgendwo essen gehen. Dies ist ein erstklassiges italienisches Restaurant – warum probierst du nicht mal was anderes aus? Ich hab gehört, die gebratene Leber soll köstlich sein –«

»Igitt!«, sagte Chelsea. »Außerdem ist es mein Geburtstag. Mama hat gesagt, ich darf bestellen, was ich will.«

»Entschuldigung. Also dann eben Spagetti Bolognese. Ich denke aber …«

»Lieber nicht«, sagte Ginny mit zusammengebissenen Zähnen. »Denk einfach lieber nicht.«

»Ich hoffe, dir gefällt es hier, Laura Schätzchen«, sagte Peter, ergriff ihren Arm und führte sie zu einem Tisch. »Deine Mutter und ich sind früher oft hierhergegangen.«

»Hübsch.« Laura sah sich um. Sie machte sich etwas Sorgen. Nicht die leiseste Spur von einem Paket, keine ausgebeulte Tasche und keine versteckte Einkaufstüte. Wo war ihr Weihnachtsgeschenk?

»Wünschen Sie etwas zu trinken, der Herr?«, fragte die Kellnerin, während sie ihnen die Speisekarten brachte.

»Oh, ja, natürlich«, sagte Peter. »Für mich einen doppelten Scotch mit Eis und – was möchtest du, Laura?«

»Diätcola, bitte.«

»O ja, das waren damals noch schöne Zeiten«, sagte Peter wehmütig, nachdem die Kellnerin gegangen war. »Wir steckten dich ins Bett, Oma kam zum Babysitten und dann gingen wir hierher. Deine Mutter aß als Vorspeise immer Melone mit Parmaschinken, das weiß ich noch.« Er sah auf die Karte. »Du solltest mal die Cannelloni Abruzzi probieren – die sind mit Geflügelleber und Sahne und –«

»Ich bin Vegetarierin, Papa, weißt du das denn nicht mehr? Ich nehme die vegetarische Lasagne.«

»Deine Mutter hat die auch immer gern gegessen«, kommentierte Peter, stützte das Kinn auf die Hände und sah gefühlsduselig vor sich hin.

»Besser als die komischen Sachen, die sie in letzter Zeit immer isst«, meinte Laura. »Wenn Schwangersein bedeutet, dass man Brote mit Schokoschmiere und Bananen isst, dann lass ich das mit der Mutterschaft lieber bleiben! Hattest du denn ein schönes Weihnachtsfest?«, fügte sie hinzu, in dem Bemühen, die Aufmerksamkeit ihres Vaters wieder auf Geschenke zu lenken.

Peter seufzte. »Also, mal ganz ehrlich unter uns beiden: Nein, Schätzchen, es war nicht besonders nett. Weißt du, ich hab dich und Ruth schrecklich vermisst. Oh, danke schön«, sagte er zur Kellnerin, als sie die Getränke brachte.

Laura war überrascht. Er hatte während der Feiertage kein einziges Mal angerufen und sie hatte gedacht, er würde sich wahnsinnig mit der biestigen Betsy amüsieren und hätte total vergessen, dass es sie auch noch gab.

Peter nahm einen großen Schluck von seinem Whisky, beugte sich vor und stützte das Kinn auf die Hände.

»Insgesamt stehen die Dinge reichlich schwierig«,

gestand er. »Sonia und Darryl – tja, irgendwie wissen sie gar nicht zu schätzen, was ich alles für sie tue, und Betsy duldet kein Wort der Kritik an ihnen. Manchmal fühl ich mich, als ob ich zu ihrem Leben gar nicht dazugehöre.«

»Tust du ja auch nicht«, sagte Laura vernünftig und fand sich selbst ziemlich gemein, dass sie die nackte harte Wahrheit einfach so aussprach. »Also, was ich sagen will, na ja, du bist eben nicht ihr Vater, nicht wahr? Genauso wenig wie Melvyn mein Vater ist. Aber der Gerechtigkeit halber muss ich zugeben, dass er deinen Platz auch gar nicht einnehmen will.«

»Das wäre ja wohl auch das Allerletzte!«, ereiferte sich Peter. »Hängt sich an meine Frau und meine Tochter an …« Die Karaffe mit dem Wasser machte einen bedrohlichen Hopser, als er mit der Faust auf den Tisch schlug.

»Paps, leise, die Leute sehen her«, murmelte Laura.

»Noch einen Scotch, einen doppelten«, sagte Peter zu der Kellnerin.

O Scheiße, dachte Laura.

»Es tut mir ja so Leid, dass Laura und Sumitha heute Abend nicht mitkommen konnten«, sagte Ginny, als sie schon mitten beim Hauptgang waren. »Es ist bestimmt langweilig, wenn man den Abend mit seinen ollen Eltern verbringen muss.«

Chelsea hob die Schultern. »Ist doch egal.« Sie wickelte Spagetti um ihre Gabel. »Ich hab mit ihnen eh nicht mehr viel am Hut.«

»Und es tut mir Leid, dass ich in letzter Zeit so genervt war«, fuhr Ginny fort. »Es ist diese Phase und all das – obwohl ich langsam glaube, dass diese Hormonkur endlich wirkt. In der letzten Woche ging es mir schon so viel besser. Es ist irre, nur so eine Pille und mit ein bisschen Östrogen geht alles –«

»MAMA!«, zischte Chelsea. »Die Leute können dich hören.«

»Na und? Das ist doch nur gut, wenn sie Bescheid wissen – das sind wirklich erfreuliche Nachrichten für Frauen in meinem Alter, musst du wissen. Das Klimakterium ist nicht mehr etwas, wo Frauen mit zusammengebissenen Zähnen durchmüssen. Ich hab gedacht, ich sollte im nächsten Monat mal eine Anrufsendung dazu machen – wenn ich Zeit genug hatte, mir über alle Einzelheiten klar zu werden. Es ist so ungeheuer wichtig.«

»Vielleicht könntest du deine Begeisterung mal ein bisschen zügeln und warten, bis ich weg bin?«, zischte Chelsea, die das schiefe Lächeln der zwei Frauen am Nebentisch registriert hatte.

»Schade, dass Geneva nicht da ist«, Barry winkte die Kellnerin heran. »Es wäre zu schön gewesen, wenn sie deinen Geburtstag hätte mitfeiern können – mit ihr ist alles immer so witzig, mit unserer Geneva.«

Ich hab's gewusst, dachte Chelsea. Er hat sie viel lieber als mich. Er wäre viel lieber mit ihr zusammen als mit mir.

»Püh, ihr müsst mich ja nicht mehr lange ertragen – ich gehe hinterher noch weg«, kündigte sie an.

Barry öffnete den Mund, doch Ginny warf ihm einen wütenden Blick zu. Er schloss ihn wieder.

»Was meinst du mit ›ertragen‹? Schätzchen, es ist ganz reizend, dass wir dich endlich mal einen Abend ganz für uns allein haben. Wo willst du denn noch hingehen?«, fragte sie beiläufig.

»In eine Disco – mit Bex.« Sie warf ihren Eltern einen herausfordernden Blick zu.

»Welche Bex?«, fragte Ginny.

»Welche Disco?«, fragte Barry.

»Was soll das sein – vielleicht die spanische Inquisition?«, fragte Chelsea.

»Natürlich nicht, meine Süße«, sagte Ginny. »Wir möchten einfach nur gern wissen, wohin du gehst und mit wem du zusammen bist.«

»Also: Bex ist eine Freundin und die Disco heißt *Kippe* und …«

»Auf keinen Fall«, sagte Barry. »Auf gar keinen Fall.«

»Wie bitte?«, fragte Chelsea.

»Ich hab die Typen gesehen, die aus solchen Kaschemmen rauskommen. Da gehst du auf keinen Fall hin und damit Ende der Diskussion. Wir kennen diese Bex nicht oder wie immer die heißt.«

»Na toll. Vielen Dank. Ich bin jetzt fünfzehn und mein Vater bestimmt immer noch, wo ich hingehen darf. Das ist gemein, alle andern haben Eltern, die –«

»Hör mal, jetzt reg dich nicht auf«, sagte Ginny. »Ich hab eine Idee. Du willst dich doch heute nicht einfach verkrümeln – wir wollten doch einen Superabend zusammen verbringen. Warum bringst du Bex denn nicht mal mit nach Hause, dann können wir sie kennen lernen und dann können wir ja vielleicht noch mal über –«

»Das darf doch nicht wahr sein! Das hör ich doch nicht wirklich!«, brüllte Chelsea. »Du redest ja mit mir, als ob ich noch in den Kindergarten gehen würde: Bring deine kleine Freundin mal mit nach Hause, damit Mami sie überprüfen kann. Ich bin doch kein Baby mehr, verdammt noch mal!«

Barry und Ginny sahen sich gegenseitig an.

»Na, Süße, wenn diese Disco so ist, wie dein Vater es grade beschrieben hat, dann meine ich aber –«

»Oh, seid schon still, ich geh nicht hin«, schrie Chelsea, die in Wahrheit gar nicht so genau gewusst hatte, ob sie da überhaupt hinwollte. »Ich kann keine neuen Leute kennen lernen, ich hab dann eben keine Freunde mehr. Seid ihr jetzt glücklich?«

»Nachtisch, die Herrschaften?«, fragte die Kellnerin.

»Wie wär's mit einem Pudding, Laura?«, fragte Peter.

Laura schüttelte den Kopf.

»Danke nein, ich bin proppenvoll.« Sie hätte ohne jede Schwierigkeit noch eine doppelte Portion Tiramisu verschlingen können, aber sie hatte zugesehen, wie ihr Vater eine ganze Flasche Weißwein geleert hatte, und sie wollte nicht dabei sein, wenn er noch mehr Alkohol bestellte.

»Na gut, dann trinken wir eben nur einen Kaffee«, sagte er zu der Bedienung. »Oh, und für mich noch einen Armagnac, bitte.«

»Paps, du hattest schon genug!«, zischte Laura.

»Quatsch«, erwiderte er. »Das hier ist doch eine Feier. Ich seh dich viel zu selten, Laura.«

»Und wessen Schuld ist das?«, gab sie nicht allzu freundlich zurück. »Du weißt doch, wo wir wohnen.«

»Oh, aber Laura, Laura«, stieß er hervor, während seine Augen ganz feucht wurden, »es ist doch absolut die Hölle, wenn ich zu diesem Haus komme und deine Mutter dort mit Melvyn sehe – jetzt kriegt sie auch noch ein Baby von ihm – und, na ja, ich ertrag es einfach nicht. Ich will sie zurückhaben, Laura. Dieses Baby sollte eigentlich von mir sein.«

Laura starrte ihn mit offenem Mund an. »Aber ich dachte –«

»Siehst du«, fuhr ihr Vater fort, »als sie mich hinauswarf, da ging es mir –«

»Aber Paps«, unterbrach Laura ihn, »du warst derjenige, der mit Betsy angebändelt hat.«

94

»Ah, aber doch nur, weil ich mich damals in so einer schwierigen Situation befand – ich wollte nie, dass es zu einer Scheidung kommen sollte. Ich habe das alles deiner Mutter genau erklärt. Ich wäre nie weggegangen, wenn sie nicht darauf bestanden hätte. Laura, was meinst du – ist Ruth wirklich glücklich?«

Laura rutschte unbehaglich auf ihrem Stuhl herum. Das wurde ja immer peinlicher. Sie mochte ihren Vater nicht in einem solchen Zustand sehen. Wenn sie jetzt sagte, dass ihre Mutter glücklich war, dann würde das Paps wehtun. Aber sie konnte auch nicht lügen. Sie schwieg.

»Willst du mir einen Gefallen tun, Laura? Willst du deinem alten Paps einen Gefallen tun?«

»Was denn?«

»Bitte doch deine Mutter, dass sie mich wieder aufnimmt. Mach das, Laura. Bitte. Mir zuliebe.«

Ginny und Chelsea drängelten sich an den voll besetzten Tischen vorbei zur Toilette, während Barry bezahlte.

»Ginny Gee!«, wurde sie angesprochen, doch die einzelnen Buchstaben verschwammen etwas ineinander.

Ginny drehte sich um und sah Peter Turnbull und Laura, die gerade von ihrem Tisch aufstanden.

»Hallo!« Sie registrierte Peters gerötetes Gesicht und seine unsicheren Bewegungen. »Hallo, Laura. Wie geht's dir denn?«

»Guten Abend, Mrs. Gee. Gut geht's mir«, antwortete Laura, die überhaupt nicht aussah, als ob es ihr gut ging. »Hi, Chelsea. Alles Liebe zum Geburtstag.« Mist, dachte sie, hab ich glatt vergessen.

»Ich hab eine Kleinigkeit für dich zu Hause«, log sie. »Ich bring es dir am Montag in die Schule mit.«

Chelsea lächelte. »Toll, danke schön.« Also machte sich Laura doch noch was aus ihr.

»Ist das hier eine Falimjenfeier – Familjenfeier, ja?«, sagte Peter. »Wunnerbare Sache, Familjen. Wisse sie zu schätzen, Ginny, schätze sie, solange du sie hast. Ich hab gerade meiner süßen kleinen Laura gesagt –«

»Paps!«, zischte Laura und stieß ihn in die Rippen.

Das sieht aber ganz schön verzwickt aus, dachte Ginny.

Barry kam jetzt dazu, immer noch mit ziemlichem Bedauern auf die Rechnung blickend.

Ginny griff nach seinem Arm. »Biete Peter an, dass wir ihn nach Hause bringen«, murmelte sie. »Er hat reichlich geladen.«

»Barry – toll, seh ich dich endlich mal wieder, alter Kumpel, he, wie geht's?« Peter klopfte Barry auf den Rücken.

»Bist du hier mit deiner tollen Familje – hast du ein Glück, Barry, so was von Glück! Die Freuden des Familienlebens –«

Laura sah aus, als ob sie gleich in Tränen ausbrechen würde.

»Paps, Paps, komm schon, wir müssen endlich gehen.«

Chelsea sah Peters hochrote Wangen und seinen unsicheren Gang. Arme Laura, bestimmt fühlte sie sich schrecklich.

Ginny übernahm das Kommando. »Also, Peter, warum schnappst du dir nicht ein Taxi und wir bringen Laura nach Hause – du solltest jetzt lieber nicht mehr fahren, weißt du.«

Peter nickte weise. »Ganz genau, Ginny, bist eben eine kluge Frau. Eine wunderbare Frau hast du da, Barry.« Er drehte sich zu Laura um. »Dann also tschüss, mein Schatz, und vergiss nicht, was ich dir gesagt habe, ja?« Er gab Laura einen Kuss. »Ich zähle auf dich.«

Laura nickte zögernd und folgte den Gees zum Auto. Sie fühlte sich miserabel – noch niemals hatte sie ihren Vater so erlebt und sie hatte Schuldgefühle, dass sie ihn jetzt einfach so im Stich ließ. Und was würden Chelseas Eltern jetzt von ihm denken?

»Alles in Ordnung?«, fragte Chelsea Laura, die an der Unterlippe knabberte und auf den Gehweg starrte.

»Na klar, warum denn nicht?«, raunzte Laura sie an. Mein Vater hat das Weihnachtsgeschenk für mich vergessen, er ist ein Alkoholiker geworden und jetzt soll ich meine Mutter überreden, dass sie ihn wieder aufnimmt. O ja, es ist alles absolut in bester Butter.

»Entschuldige, dass ich atme«, sagte Chelsea.

Sie hatte die Nase voll von Leuten, die ihr eine Abfuhr erteilten.

Nachtgedanken

In dieser Nacht schlief Laura nicht gut. Warum hatten die Gees im selben Restaurant essen müssen? Sie hatte ihren Vater noch nie zuvor so erlebt – als er noch bei ihnen lebte, ging es ihm gut. Das war alles nur die Schuld von der biestigen Betsy – die hatte ihn zum Alkohol getrieben. Oder war es Mamas Schuld? Egal, jetzt war es Lauras Aufgabe, ihn zu retten.

Sie rief sich die Unterhaltung mit ihm Wort für Wort ins Gedächtnis zurück, aber sie blickte nicht durch. Wenn er Mama gar nicht hatte verlassen wollen, warum war er

97

dann gegangen? Oder hatte Mama ihn rausgeworfen? Laura wurde damals gesagt, er hätte sich in eine andere Frau verliebt und dass er weggehen wollte. Aber Eltern erzählten einem ja oft nur das, was sie für richtig hielten. Tatsache war, dass Paps mit Betsy lebte und nicht mit ihnen, und wenn er sie wirklich so schrecklich lieb hatte, warum hatte er dann ihr Weihnachtsgeschenk vergessen? Sofort hatte sie Schuldgefühle wegen dieses selbstsüchtigen Gedankens. Und jetzt wollte er, dass sie mit Mama reden sollte. Natürlich wäre es wunderbar, wenn Paps wieder bei ihnen wohnen würde, aber was sollte dann aus Melvyn werden? Er war ja vielleicht ein bisschen doof, aber er machte sich allmählich, und außerdem war Mama mit ihm echt glücklich. Und was war mit dem Baby? Aber Paps hatte ihr das Versprechen abgenommen – sie durfte ihn nicht im Stich lassen. Sie musste mit Mama reden. Das würde bestimmt nicht leicht sein.

Chelsea lag wach und starrte hoch zur Zimmerdecke. Sie fühlte sich nicht wie fünfzehn, sie fühlte überhaupt gar nichts. Sie wusste, sie war hübsch, ganz bestimmt nicht dumm und ziemlich kontaktfreudig: Weshalb lief dann alles für sie schief? Laura hatte im Auto während der Heimfahrt kaum ein Wort gesagt. Chelsea konnte sich schon denken, dass ihr der betrunkene Vater oberpeinlich war, aber als Chelsea sie eingeladen hatte, sie sollte morgen rüberkommen und sie würden zusammen CDs hören, murmelte sie irgendwas von Dingen, die sie erledigen müsse. Auch gut. Wenn Laura auf ihre Freundschaft keinen Wert legte, dann würde sie eben jemand anderen finden, dem sie nicht egal war. Sie hätte mit Bex weggehen sollen, ganz egal, was ihre Eltern sagten. Schließlich konnte sie mit fünfzehn wohl endlich über sich selbst bestimmen, oder? Verdammt noch mal.

»Von jetzt an«, gelobte sie sich in Gedanken und zog das Federbett über den Kopf, »werde ich so leben, wie ich will, und wenn es ihnen nicht gefällt, haben sie eben Pech gehabt.«

Das sollte sich als sehr viel unangenehmer herausstellen, als sie gedacht hatte.

Ginny plaudert alles aus

»Hallo, Ruth, ich bin's, Ginny.«

Ruth klemmte sich den Hörer unters Kinn. »He, wie geht's dir? Schön, dass du dich mal wieder meldest. Du klingst viel lockerer«, fügte sie erleichtert hinzu.

»Bin ich auch – es ist schon toll. In der letzten Woche hab ich mich ganz so gefühlt wie früher. Und ich hab den Sender überreden können, eine ganze Stunde für eine Anrufersendung einzurichten. Ich hab Dr. Stephanie Wright dazu eingeladen und eine Frau aus einer Frauengruppe und – worüber lachst du denn so?«

»Über dich.« Ruth kicherte. »Du klingst irgendwie so – so begeistert.«

»Na ja«, Ginny lachte leise mit. »Mir geht es wieder so viel besser, da gehen die Pferde mit mir durch. Heute bin ich losgezogen und habe mir zwei Röcke gekauft und einen himmlischen türkisblauen Angorapulli – jetzt muss ich nur noch alles vor Barry verstecken. Egal – weshalb ich anrufe, ist… ähem, wir sind neulich mit Chelsea zum Essen ins *Lorenzo* gegangen und haben zufällig Peter und Laura getroffen.«

»Ja?«

»Tja.« Ginny holte tief Luft. »Peter war ziemlich

betrunken und Laura ging es dabei nicht besonders gut.«

»Ach, das war es also. Sie machte einen reichlich zerknitterten Eindruck, als sie heimkam.«

»Na ja, ich dachte, ich sag dir mal lieber Bescheid – ich meine, ich wollte nicht irgendwelchen Staub aufwirbeln oder so –« Ginnys Stimme erstarb.

»Nein, nein. Danke, dass du's mir gesagt hat. Es sieht ihm gar nicht ähnlich – ich dachte, das hätte er hinter sich.«

»Warum? Hat er damit früher auch schon Probleme gehabt?«

»Nein, nicht richtig. Nur hatte er die Neigung, sich bei jedem Problem zu seinem Scotch zu flüchten. Meinst du, ich sollte mit Laura darüber sprechen?«

»Ich würde warten, bis sie damit zu dir kommt«, schlug Ginny vor. »Schließlich hat er ja nichts Schlimmes angestellt. Vielleicht legt es sich von allein.«

»Mmm.«

Keine von beiden glaubte das auch nur einen Augenblick lang.

Warnsignale

Während der nächsten Wochen waren alle mit ihren eigenen Angelegenheiten beschäftigt.

Jemma hatte sich für ihre Schauspielkurse halb tot geschuftet und Miss Olives Aufmerksamkeit erregt. Nach vier Wochen sah sie zu ihrer Freude, dass ihr Name auf der Liste für das Vorsprechen für die Rolle der Estella stand. Alexa Brownings Name stand ebenfalls da (keine Konkurrenz, zu ängstlich, dachte Jemma), außerdem noch ein paar andere Mädchen, die auf Jemma bislang keinen besonderen Eindruck gemacht hatten. Sie hatte »Great Expectations« gelesen, sich dreimal das Video angeschaut und trug jetzt die Haare zu einem Knoten zusammengezwirbelt. Außerdem übte sie, wie Estella zu gehen, zu sprechen und zu denken. Sie hatte sich sogar durchgesetzt und sich zwei blonde Strähnen einfärben lassen, die sie ihrer Meinung nach viel reifer aussehen ließen. Ihre Mutter fand sie abscheulich, das war schon mal ein gutes Zeichen. Rob fand sie sexy, das war noch ein Plus.

»Wieso kuckst du so eingebildet aus der Wäsche?«, fragte Laura eines Nachmittags, als sie sich für den Sportunterricht umzogen und Jemma sich im Spiegel beäugte.

»Ich probe«, antwortete Jemma. Miss Olive hatte gesagt, dass man als gute Schauspielerin zu der Person werden musste, die man darstellen wollte. Sie war jetzt dabei, sich in Estella zu verwandeln.

»Hm. Wenn du mich fragst, siehst du ziemlich dämlich aus.«

Laura war nicht gerade eine, die ihre Worte auf die Goldwaage legte. »Wofür probst du denn?«

»›Great Expectations‹. Das Royal Theatre wird es im Sommer spielen und ich werde die Estella sein.«

»Echt?« Laura war beeindruckt. »Das ist ja super. Wann hast du die Rolle gekriegt?«

»Äh, also genau gesagt, habe ich…«

»He, Chelsea, warte doch mal!«, rief Laura durch den Umkleideraum und sauste davon, bevor Jemma ihren Satz beenden konnte. »Stell dir nur vor, Jemma wird in dem Stück am –«

Ihre Stimme verklang in der Ferne.

Ein kleiner nagender Zweifel schlich sich in Jemmas Kopf. Sie musste ja in ein paar Wochen erst noch das Vorsprechen hinter sich bringen.

Na und, dachte sie. Ist doch egal. Ich kriege die Rolle bestimmt. Es gab nur noch ein anderes kleines Problem. Sie hatte ihrer Mutter noch nichts von dem Vorsprechen gesagt.

Sumithas neu entdecktes Interesse für Biologie wuchs in Riesenschritten, doch das lag eher an dem gut aussehenden Mr. Sharpe als an der Faszination, die von Molekülen und Nahrungsmittelketten ausging. Als Mr. Sharpe – sie nannte ihn bei sich heimlich Paul –, als Paul sie gebeten hatte, ihm bei der Gründung einer Biologie-AG für die Jahrgänge neun bis zehn zu helfen, war sie selig. Die AG fand donnerstags statt, und wenn sie es geschickt drehte, dann konnte sie hinterher noch ein bisschen herumtrödeln und aufräumen helfen, wobei sie Paul dann volle zehn Minuten ganz für sich allein hatte. Das waren für sie die schönsten zehn Minuten der Woche. Paul redete mit ihr wie mit einer Erwachsenen und sprach mit ihr über alles: vom indischen Schulsystem bis zur Raumfahrt, oder ob sie Synthesizermusik mochte, auf die er ganz besonders stand. Er war so wundervoll! Nachts lag sie dann immer im Bett und ließ ihre Unterhaltungen Wort für Wort in ihrem Gedächtnis durchlaufen. Sie war sich ganz sicher, dass er sie gut leiden mochte – und sie wusste, dass sie ihn liebte.

»Du hast einen Bruder in der Siebten, ja?«, fragte Paul sie eines Abends, während sie aufräumten.

»Ja, Sir«, – sie hätte ihn gern Paul genannt, wagte es aber nicht – »Sandeep. In Mr. Birds Klasse.«

»Hm«, sagte Paul. »Ich hab bei ihm Unterricht – ist mit ihm alles in Ordnung?«

»Wie meinen Sie das?«

»Na ja, er macht einen ziemlich verängstigten Eindruck, wirkt sehr verschlossen. Seine schriftlichen Leistungen liegen weit über dem Durchschnitt, aber er sagt nie einen Ton. Ich hab mich gefragt –«

»Oh, bei ihm stimmt alles.« Sumitha war etwas verärgert, dass kostbare Zeit mit einem Gespräch über ihren Bruder verschwendet wurde. »Er ist nur ein bisschen zimperlich und lahm und er war schon immer schüchtern – das legt sich bestimmt mit der Zeit.«

Paul sah sie ernst an. »Hm. Achte mal ein bisschen auf ihn, ja? Sag es mir bitte, wenn du denkst, dass da noch etwas anderes dahinter steckt.«

Sumitha nickte.

»Wenigstens ist er mit diesem frechen kleinen Morrant-Mädchen befreundet«, fügte Paul hinzu. »Die tut ihm bestimmt gut.«

Sumitha hatte nicht die leiseste Ahnung, wovon er redete.

»Ich verstehe nicht …?«

»Victoria Morrant – ein hübsches Mädchen, dunkelbraune Haare, sehr quirlig. Sie scheint für deinen Bruder was übrig zu haben.« Er zwinkerte Sumitha zu. Sumithas Knie wurden zu Gelee.

So was, dachte Sumitha auf dem Heimweg. Sandeep hat eine Freundin. Seltsam. Wie unendlich traurig.

Das Schuljahr verlief für Chelsea nicht gut. Sie versuchte sich wieder enger an Laura anzuschließen, und als sie eines Morgens zufällig mit ihr zusammentraf und sah, dass Laura sehr unglücklich dreinschaute, fragte sie: »Alles in Ordnung?«

Laura sah nervös auf.

»Ja, klar, warum fragst du?«

»Och, nur so. Ich hab mich gefragt, ob dein Vater irgendwas hat, du weißt schon, neulich Abend ...«

»Mit meinem Vater ist alles in Ordnung!«, schrie Laura. »Halt dich gefälligst aus Sachen raus, die dich nichts angehen, klar?«

»Ach, hab dich nicht so!«, konterte Chelsea. Das hatte sie nun von der freundlichen Nachfrage.

Was aber noch schlimmer war: Ihre Zensuren sackten ab, was schließlich zu täglichen Anraunzern von Miss McConnell führte. Jemma und Rob waren immer noch bis über beide Ohren ineinander verliebt und Sumitha verbrachte mittlerweile alle Pausen im Biologiesaal oder büffelte in der Bibliothek. Wie ein Lauffeuer hatte sich die Nachricht ausgebreitet, dass Jemma im Stadttheater auftreten würde, und alle fanden das toll und sagten, Jemma sei klasse und würde bestimmt noch beim Fernsehen landen. Wie kommt es nur, überlegte Chelsea, dass Jemma alles in den Schoß fällt? Sie nimmt sich meinen Typen, kriegt eine neue Frisur, mit der sie richtig cool aussieht, und jetzt wird sie auch noch wochenlang im Rampenlicht stehen. Warum kann mein Leben nicht aufregender sein?

Der Tropfen, der das Fass zum Überlaufen brachte, war die Tatsache, dass sie beim Schuleschwänzen mit Bex erwischt wurde – Horror-Horace war anscheinend auf dem Weg zum Zahnarzt gewesen und hatte dabei die beiden beim Betreten eines Videoladens gesehen. Mit Bex konnte man viel Spaß haben und Chelsea brauchte momentan alles, was sie an Lachern kriegen konnte. Nach ihrem ersten Ausbruch hatte sie ungefähr dreimal wöchentlich Schulstunden geschwänzt, aber dann verließ sie das Glück. Mr. Horace hatte sie im Polizeigriff zur Schule zurückgeschleppt und zu Direktor Todd gebracht. Der laberte was von wegen Verantwortung und dass man im Leben nur erntete, was man gesät hatte, und wie sie das ihren Eltern antun konnten, herum. Bex schien das alles piepegal zu sein, aber Chelsea machte sich Megasorgen, als Todd ankündigte, dass er ihren Eltern schreiben wolle.

»Die bringen mich um«, stöhnte Chelsea, als sie das Zimmer des Direktors mit der offiziellen Verfügung zum Ausschluss vom Unterricht schwarz auf weiß in der Hand verließen. »Was wird denn deine Mutter dazu sagen?«

Bex zuckte die Achseln. »Nichts. Es ist ihr Wurscht.«

Du Glückliche, dachte Chelsea. Ich glaube, ich werde mich jetzt erst mal ein oder zwei Tage ganz still verhalten.

Laura wich der Konfrontation mit ihrer Mutter ebenfalls aus. Sie hatte sich mit großem Elan auf das Recyclingprojekt gestürzt und mittlerweile verbrachten Daniel und sie die Abende mit dem Malen von Plakaten und Transparenten für die Demo in Fettlesham. Laura ging dazu rüber zu Daniel, weil sie wusste, dass ihre Mutter und Melvyn Ärger machen würden, wenn sie von ihrem Vorhaben wüssten. Die dachten, Daniel würde ihr bei den Matheaufgaben helfen.

Als ihre Mutter und Melvyn eines Abends weg waren, um das Atmen zwischen den Wehen zu lernen, erhielt sie einen Anruf von ihrem Vater.

»Hallo, Süße«, sagte er aufgekratzt. »Wie geht's dir denn so?«

»Gut, danke. Ich male Plakate für die Demo.« Verdammt, jetzt war ihr das gegen ihren Willen entschlüpft.

»Na wunderbar, Schatz.« Ihr Vater hatte offensichtlich nichts mitgekriegt. »Und, hast du mit deiner Mutter gesprochen?«

105

»Äh. Nein, noch nicht«, gestand sie.

»Laura, Süße, ich verlasse mich auf dich«, bettelte er. »Weißt du, deine Mutter und ich hätten uns nie trennen sollen.« Seine Stimme schwankte. »Sie soll wissen, dass ich sie immer noch gern habe, sehr gern habe.«

»Warum sagst du ihr das nicht selbst, Paps?« Laura hatte den schrecklichen Verdacht, dass ihr Vater wieder getrunken hatte.

»Tja, das ist nicht so einfach, weißt du. Sie hat nämlich jede Menge falsche Vorstellungen von mir und würde mir wahrscheinlich nicht zuhören. Aber wenn du mit ihr redest, dann weiß ich, dass sie begreifen wird, was Sache ist. Du wünschst dir doch, dass ich wieder zu euch zurückkomme, nicht wahr? Du hast doch deinen Paps lieb, ja?«

»Natürlich«, sagte Laura leidenschaftlich. »Und ich hätte dich auch gern wieder bei uns. Hör mal, Paps, ich muss jetzt los – ich hab noch massenhaft Hausaufgaben zu machen.«

Danach saß sie lange da und dachte über ihren Vater und ihre Mutter nach und über das, was geschehen war. Ihr Vater hörte sich wirklich seltsam an, das war überhaupt nicht der Paps, den sie kannte. Sie wusste, dass sie endlich mit ihrer Mutter reden musste. Und zwar sehr bald.

Enthüllungen

»Lies das«, sagte Ginny und schob Barry einen Brief unter die Nase.

»Jetzt nicht, Schatz.« Barry seufzte. »Ich muss diese

Haselnussrolle hinkriegen – die Endausscheidung ist am Donnerstag und ich bin mir immer noch nicht sicher, ob die Konsistenz stimmt.«

»Scheiß auf die Konsistenz!«, rief Ginny. »Lies das!«

LEE-HILL-SCHULE   *Der Direktor*

Sehr geehrter Herr Gee, sehr verehrte Frau Gee,

ich bedaure sehr, Ihnen mitteilen zu müssen, dass Ihre Tochter Chelsea uns Anlass zu großer Sorge gibt. Sie hat den Unterricht geschwänzt und wurde letzte Woche in Begleitung einer anderen Schülerin im Stadtzentrum aufgegriffen. Doch außer diesem Verstoß gegen die Schulregeln wurde mir auch von ihren Lehrern mitgeteilt, dass ihre Leistungen in den vergangenen Wochen stark nachgelassen haben und dass ihre Haltung ganz allgemein Anlass zu Besorgnis gibt.

Ich habe Chelsea für diese Woche für drei Tage vom Unterricht ausgeschlossen und hoffe, dass sie sich nun besinnen wird und ihr Betragen in Zukunft keinen Grund mehr zu Beanstandungen gibt. Im anderen Fall sehe ich mich veranlasst, Sie zu einem Gespräch zu mir zu bitten, damit wir gemeinsam eine Lösung finden können.

Mit freundlichen Grüßen

Michael Todd
Direktor

»Ich zieh ihr bei lebendigem Leib das Fell ab!«, tobte Barry. »Was zum Teufel hat sie sich denn da geleistet?«

107

»Ich fürchte, sie ist ziemlich unglücklich«, erwiderte Ginny.

»Wenn ich erst einmal mit ihr fertig bin, dann wird sie allen Grund dazu haben.«

»Daniel und ich fahren nächstes Wochenende zusammen nach Fettlesham Down«, teilte Laura hastig beim Frühstück mit. Sie hatte gewartet, bis Melvyn zum Büro gefahren war, weil sie im Umgang mit Erwachsenen auf die Doktrin »teile und herrsche« baute. Sie hatte keine Lust auf einen erneuten Vortrag Melvyns über seine Demoerfahrungen.

»Daniel und ich«, wiederholte Ruth automatisch. »Was gibt es da in Fettlesham Down?«

»Die *CurePlan* Labors – sie testen Medikamente an Tieren.«

»In diesem Fall: Nein, du fährst da nicht hin!«, sagte ihre Mutter bestimmt.

»Na, das ist ja mal wieder typisch – erkundige dich bloß nicht genauer, informiere dich ja nicht, was abläuft, sag einfach Nein!«

»Na, offensichtlich handelt es sich um eine Demonstration. Und es tut mir Leid, aber ich will nicht, dass du bei so was unter die Räder gerätst.«

»Willst du denn gar nicht meine Argumente hören?«

»Diesmal leider Nein, Laura, lieber nicht. Die Diskussion ist beendet.«

»Na toll! Genauso hast du auch Paps nie zugehört!«, schrie Laura. »Und kuck bloß nicht so erstaunt – er hat mir das alles erzählt. Wie du ihn zu Hause rausgeworfen hast, weil er sich mit Betsy traf und du dir nie seine Seite der Geschichte anhören wolltest und –«

»Stopp! Stopp! Das wollen wir jetzt aber mal klären. Was genau hat dein Vater dir gesagt?«

»Endlich die ganze Wahrheit!«, gab Laura scharf zurück. »Dass du gesagt hast, er müsse wegen Betsy das Haus verlassen! Du hast ihm nicht mal eine zweite Chance gegeben, du hast einfach ruckzuck unsere Familie auseinandergerissen. Und jetzt ist er so unglücklich, dass er ein Alkoholiker geworden ist, und er will zurückkommen und ich hab ihm versprochen, ich würde dir das sagen und...«

Ruth lehnte sich auf dem Stuhl zurück und holte tief Luft. Ginny hatte also Recht gehabt, Laura hatte Probleme. Und was noch schlimmer war, Laura wurde als Vermittlerin missbraucht.

»Ich denke, mein Schätzchen...«

»Ich bin nicht dein Schätzchen!«, fauchte Laura.

»Ich denke, es ist an der Zeit, dass wir uns mal richtig unterhalten.« Ruth ergriff Lauras Hände. Laura zog sie zurück.

»Ja, du hast völlig Recht«, gab Ruth zu. »Ich habe deinen Vater darum gebeten, dass er gehen soll. Er traf sich mit Betsy, blieb an den Wochenenden weg, lauter solche Sachen.«

»Aber du hättest ihm doch noch einmal eine Chance geben können!«

Ruth sah Laura ins Gesicht und lächelte matt.

»Oh, das kannst du mir glauben, Süße, die habe ich ihm gegeben. Viele so genannte zweite Chancen. Weißt du, Laura, es war ja nicht das erste Mal.«

»Was? Du meinst –«, Laura sah ihre Mutter ungläubig an, »du willst damit sagen, Paps hatte – äh – hatte...«

»Dein Vater hatte mehrere Freundinnen, bevor Betsy die Bühne betrat. Deirdre, Judy, Belinda, Penny – oh, ich weiß gar nicht mehr alle Namen. Nach jeder sagte er, nun würde er damit aufhören, er würde mich lieben und dann – tja, dann traf er eine andere, die seinem Ego schmeichelte, und alles fing wieder von vorn an.«

Laura krampfte die Hände ineinander.

»Aber als er dich um die Scheidung bat, warum hast du da nicht einfach Nein gesagt? Dann hätte er Betsy den Abschied gegeben und wäre bei uns geblieben.«

»Nein, meine Süße, dein Vater bat mich nicht um die Scheidung. Ich stellte ihm ein Ultimatum.«

»WAS? Dann bist *du* daran schuld, dass wir keine Familie mehr sind?«

Ruth seufzte.

»Wahrscheinlich sieht es für dich so aus. Ich hatte keine Lust mehr, dauernd die zweite Geige zu spielen, während er irgendwo rumflatterte. Damals sagte ich ihm, er solle wählen: Betsy oder mich. Ich dachte, er würde sich für uns entscheiden. Ich hab mich geirrt.« Ruth biss sich auf die Lippe.

»Warum hast du mir das noch nie erzählt?«

Ruth lächelte. »Ich hatte mir geschworen, niemals irgendwas gegen deinen Vater zu sagen. Schließlich warst du nicht der Grund für unsere Trennung. Dein Vater liebt dich und hält große Stücke auf dich, schon immer und…«

»Nicht genug, um bei uns zu bleiben«, unterbrach Laura und kaute an ihrer Lippe.

»Er glaubte wohl, er könnte alles gleichzeitig haben – das tun viele Männer«, sagte Ruth nachdenklich. »Ich dachte immer, dass ich daran schuld war, dass ich vielleicht eine bessere Ehefrau hätte sein müssen und dass er sich dann nie die anderen gesucht hätte. Vielleicht wenn…«

»Aber Mama, du bist mehr wert als zig biestige Bet-

110

sys! Du bist lieb und großzügig und sie ist egoistisch und –«

»Nun mach aber mal einen Punkt!« Ruth lachte. »Lieb von dir, mich zu verteidigen, aber du kannst mir glauben, ich bin keine Heilige. Außerdem ist es Betsy gelungen, deinen Vater glücklich zu machen, und das hab ich nicht geschafft.«

»Aber darum geht es ja«, sagte Laura ernst. »Er hat mir gesagt, er wäre schrecklich unglücklich, und dass er viel lieber wieder bei dir wäre und dass ihn der Gedanke total deprimiert, dass du Melvyns Baby kriegst. Er war so was von traurig, dass er zu viel trank«, fügte sie flüsternd hinzu, hin- und hergerissen zwischen der Loyalität gegenüber ihrem Vater und dem Drang, ihrer Mutter den Ernst der Lage zu erklären.

»Das muss für dich ganz schön schlimm gewesen sein.« Ruth nahm wieder Lauras Hand. Diesmal wurde sie nicht weggezogen.

»Manchmal machen Leute dumme Sachen, wenn es ihnen nicht gut geht. Aber ich fürchte, jetzt muss er seine Probleme selber lösen«, fuhr sie energisch fort. »Ich liebe Melvyn, ich wünsche mir dieses Baby von ganzem Herzen, und obwohl ich deinen Vater immer irgendwo gern haben werde, besteht nicht die geringste Möglichkeit, dass es mit uns noch mal klappen könnte. Ich weiß, dass es sehr schwierig für dich ist, das zu verstehen, Süße, aber so ist es nun mal.«

»Du hattest es wohl ganz schön schwer, Mama«, sagte Laura sanft.

»Ja, Laura, es war manchmal ziemlich hart«, flüsterte ihre Mutter. »Ziemlich hart.«

Laura musste jetzt erst mal alles in ihrem Kopf neu ordnen. Sie hatte Dinge über ihren Vater erfahren, von denen sie keine Ahnung gehabt hatte. Sie hatte nicht

111

nur festgestellt, dass ihr Vater ziemlich schwach war, sie hatte gerade auch gemerkt, wie stark ihre Mutter geworden war.

»Chelsea, dein Vater und ich möchten mit dir reden«, sagte Ginny, als Chelsea nachmittags nach Hause kam. »Du kommst spät«, fügte sie hinzu und sah ihre Tochter dabei aufmerksam an.

»Musste mit wem Schulkram bereden«, murmelte Chelsea.

»Stimmt nicht«, sagte ihr Vater.

»Du bist vom Unterricht ausgeschlossen.« Ginny reichte ihr Mr. Todds Brief.

Chelseas Magen machte einen Hopser. Jetzt kommt es, dachte sie. Jetzt kommt das »Wie-konntest-du-dich-nur-so-töricht-benehmen?«-Gelaber.

»Ehrlich, Chelsea, wie konntest du dich nur so töricht benehmen?«

»Was hast du dir denn dabei gedacht?«, fragte Ginny. »Du hast doch früher so was nicht gemacht. Wieso schwänzt du jetzt auf einmal die Schule?«

Chelsea zuckte die Achseln und betrachtete aufmerksam ihre Fingernägel.

»Antworte mir, wenn ich dich etwas frage, Chelsea!«

»Es war ja nur ein bisschen Spaß. Bex macht das schon lange so – da ist doch nichts dabei.«

»Ich finde, da ist sehr viel dabei«, sagte Barry. »Weshalb machst du das? Mit Geneva hatten wir nie solche Schwierigkeiten.«

»Oh, toll, das ist ja spitze, komm mir bloß immer mit Geneva!«, kreischte Chelsea und versuchte die Tränen zurückzuhalten. »Wir wissen ja alle, dass Geneva dein Liebling ist, die, die immer alles richtig macht. Die Super-Geneva mit den Supernoten, die in Afrika arbeitet, und ich, ich bin nur die lästige, unbequeme Chelsea, die bei allem stört. Die ihr nicht loswerden könnt! Ich hasse euch! Und wie ich euch hasse!«

»Chelsea, zum Teufel noch eins«, sagte ihre Mutter. »Das ist kompletter Blödsinn.«

»Chelsea, nun sei doch nicht albern…«, legte ihr Vater los.

»Ach? Und warum nicht? Warum soll ich nicht albern sein? Schließlich bin ich ja eurer Meinung nach auch egoistisch und töricht – da kann ich doch auch ruhig noch ein bisschen albern sein.«

Ginny stand auf, legte ihr die Hand auf die Schulter. »Jetzt hör mal endlich zu, Chelsea, das sagen wir überhaupt nicht. Ich möchte nur, dass du die Folgen deiner Handlungsweise bedenkst. Schließlich bist du ein intelligentes Mädchen und du hast demnächst Prüfungen.«

»Scheißprüfungen«, knurrte Chelsea und wünschte sofort, sie hätte das nicht gesagt.

»Auch wenn dir deine Zukunft egal ist – und das sollte sie nicht sein –, musst du dir klarmachen, dass ich in dieser Stadt ziemlich bekannt bin. Falls eine meiner Töchter in schlechte Gesellschaft gerät –«

»Oh, super, oh, klasse!«, schrie Chelsea. »Du machst dir also in Wirklichkeit überhaupt keine Sorgen wegen *mir*! Dir ist nur dein eigenes Image wichtig! Du willst der Welt ja bloß vorführen, was für eine tolle Mutter du bist, wie verständnisvoll, wie total auf dem Laufenden – aber das bist du nicht! Du verstehst mich überhaupt nicht! Nicht das kleinste bisschen!«

»Jetzt hör aber mal her, Chelsea«, donnerte Barry. »Hör auf, mit deiner Mutter in diesem Ton zu sprechen! Du hast ab sofort Hausarrest! Für zwei Wochen!«

»Das ist ungerecht!«

»Das Leben ist nun mal ungerecht!«, gab ihr Vater aufgebracht zurück.

»Hör mal, Chelsea, wir können uns doch einfach zusammensetzen und ganz vernünftig über alles reden«, machte Ginny einen neuen Versuch. »Nur wir beide.«

»Nein!«, brüllte Chelsea. »Spar dir deinen gönnerhaften Plauderkram für deine Radiosendung. Ich hab darauf keinen Bock. Lasst mich in Ruhe!« Damit rannte sie die Treppe hoch und knallte ihre Zimmertür hinter sich zu.

»Jetzt ist meine Nussrolle zusammengefallen«, sagte Barry verzweifelt.

»Ich finde deine Rolle unser geringstes Problem.«

»Jemma, bitte, bürste dir deine Haare nicht in der Küche«, beklagte sich Mrs. Farrant. »Das ist so unhygienisch.«

»Ich schau doch nur, ob ich mehr Schwung reinkriege. Ich muss zu einem Vorsprechen.«

»Das ist nett, Schätzelchen – Sam, komm und wasch dir vor dem Essen die Hände, bitte. Daniel, komm aus dem Mülleimer raus.«

»Es ist am Samstag und du musst mich da um halb zwölf hinfahren und abholen kannst du mich um ...«

»Wo und weshalb um halb zwölf?«, fragte ihre Mutter und löffelte Blumenkohlauflauf auf die Teller.

»Mama! Du hast mir ja überhaupt nicht zugehört! Ich muss zu einem Vorsprechen, wegen der Rolle. Am Royal Theatre, ›Great Expectations‹.«

»O nein, Schätzelchen, das geht nicht«, widersprach ihre Mutter. »Ich meine, nicht während der Schulzeit und –«

»Was willst du damit sagen: Das geht nicht!«, schrie Jemma. »Begreifst du denn gar nicht, was ich dir erzählt habe? Ich wurde für das Vorsprechen ausgewählt. Weil Miss Olive mich für begabt hält – sehr begabt sogar. Das ist meine große Chance und du sagst, das geht nicht! Was bist du denn eigentlich für eine Mutter?«

Claire machte kurz die Augen zu, seufzte, holte tief Luft und betete um Geduld. »Wir werden heute Abend mit Papa darüber sprechen«, schlug sie vor.

»Sprecht so viel ihr wollt!«, wütete Jemma. »Sprecht so lange, bis ihr heiser seid. Ihr werdet mich nicht daran hindern, ein Star zu werden!«

Chelsea rebelliert

»Kommst du denn jetzt am Samstag mit in die *Kippe*?«, fragte Bex, während sie mit Chelsea eine Packung Chips aufaß. »Ist echt geil da – viel besser als im *Stomping Ground*. Und es gibt ein Spezialprogramm wegen dem Valentinstag.«

»Ich hab Hausarrest«, sagte Chelsea düster.

»Was heißt das, ›Hausarrest‹?«

»Ich darf nicht raus, wie im Gefängnis«, stöhnte Chelsea. »Meine Eltern haben durchgedreht, als sie den Brief wegen dem Schwänzen gekriegt haben.«

Bex schnitt eine Grimasse.

»Aber sie können dich doch nicht zwingen – ich meine, wenn du gehst, gehst du eben. Sie werden dich doch nicht anketten, oder?«

Chelsea überlegte. Bex hatte Recht. Sie konnten ihr nichts befehlen, sie war fünfzehn und hatte ein Recht auf ihr Leben. Außerdem würde ihr Vater bestimmt mit

115

der rollenden Küche unterwegs sein, also musste sie sich nur wegen ihrer Mutter Gedanken machen.

»Okay, ich probier's!« Sie grinste Bex an. »Warum sollte ich mir von ihnen allen Spaß verderben lassen?«

Geldsorgen

»Beeilt euch, Sumitha! Sandeep! Ihr müsst los!«, rief Chitrita die Treppe hoch und überlegte zum soundsovielten Mal in den letzten Wochen, warum es anstrengender war, zwei Kinder in die Schule zu schicken, als zwanzig Frauen englische Grammatik beizubringen.

»Kann ich Geld für das Mittagessen kriegen?«, fragte Sumitha. »Und dann brauche ich auch noch Geld für die Biologieexkursion.«

Chitrita griff nach ihrem Portmonee und runzelte die Stirn. Sie war sich ganz sicher, dass sie gestern fünf Pfundmünzen hineingetan hatte, und jetzt waren nur noch zwei darin.

Sie kramte in ihrer Handtasche herum, aber sie fand sie nicht.

»Du musst sehen, wie du damit heute Mittag zurechtkommst, den Rest gebe ich dir dann heute Abend«, sagte sie zu Sumitha. Ich muss mehr ausgegeben haben, als ich dachte, überlegte sie.

»Also dann, ihr zwei – geht schon!« Sie gab Sandeep einen Kuss auf den Kopf und schob beide zur Tür.

Endlich sieht Sandeep wieder einmal ein bisschen fröhlicher aus, dachte Sumitha. Wahrscheinlich wegen dieser Freundin.

»Na, wie geht es Victoria?«, fragte sie verschmitzt, als sie um die Ecke bogen.

Sandeep sah sie an und schwieg.

»Na los, ich weiß alles über Victoria. Stehst du auf sie?«

»Sie ist okay«, murmelte er. Woher wusste Sumitha das mit Victoria? Sie konnte doch nichts verraten haben, oder? Sie hatte versprochen, sie würde den Mund halten.

»Du liebes bisschen, nur okay? Und ich hab schon gedacht, sie wäre deine große Liebe«, stichelte seine Schwester.

»Halt den Mund«, sagte Sandeep. Er schloss die Faust um die drei Münzen in seiner Hosentasche. Vielleicht würde damit der Tag erträglich.

Mein Bruder ist ein ganz schön seltsamer Typ, dachte Sumitha.

Während Sandeep auf sein Geld vertraute, setzte Barry ganz auf die mittlerweile perfekt geratene Haselnuss-Cappuccino-Rolle.

»Das ist das Trumpfass in meinem Ärmel«, sagte er zu Ginny, als er für die Reise nach London packte. »Ich hoffe nur, dass sie bei diesen vielen Scheinwerfern im Studio nicht zusammenfällt.«

»Ganz bestimmt wird sie wunderbar sein. Viel Glück. Wir drücken dir die Daumen, nicht wahr, Chelsea?«

»Klar«, nuschelte Chelsea. Dann kam ihr eine Idee. »Papa, ich hab doch nicht wirklich zwei Wochen lang Hausarrest?«

»Doch«, sagte ihr Vater.

»Ich hoffe, du erstickst an deiner mistigen Rolle«, knurrte Chelsea.

Victoria Morrant wartete am Schultor auf ihre beste Freundin Alexa Browning und las dabei »Der Fänger im Roggen«. Victoria hatte die Nase immer in einem Buch, und wenn sie nicht las, dann schrieb sie witzige Limericks und zeichnete schrille Postkarten für ihre Freunde. Sie und Alexa waren schon seit der Krabbelgruppe miteinander befreundet und ihre Mütter meinten, dass sie einander gut taten. Victoria fand das eine seltsame Bemerkung – Möhren tun dir gut, früh ins Bett gehen tut dir gut, Alexa tut dir gut. Anscheinend wurde Alexa ein beruhigender Einfluss auf die impulsive, lebhafte Victoria nachgesagt (denn die gehörte zu denen, die erst springen und sich hinterher über die Folgen Gedanken machen) – und Victoria sollte Alexa darin unterstützen, etwas mehr »aus sich herauszugehen«. Eltern sagten manchmal schon ziemlich blödes Zeug. Alle wussten, dass Alexa immer, wenn sie wollte, aus sich herausgehen konnte. Sie war die geborene Schauspielerin und konnte echte Tränchen drücken, damit sie vom Sport beurlaubt wurde, oder sie wurde blass und sah so aus, als würde sie gleich während der Schulversammlung in Ohnmacht fallen, wenn man ihr genug dafür bezahlte. Das bewunderte Victoria bei ihrer Freundin.

Victoria hingegen war eine große Kämpferin für die Armen und Schwachen und gegen Ungerechtigkeit. Wahrscheinlich mochte sie deshalb Sandeep Banerji so gut leiden. Sie wurde fuchsteufelswild, wenn andere ihn einen Schlaffi nannten, denn er war keiner. Überhaupt nicht. Er war spitze in Englisch, der Beste in Französisch und sehr witzig. Wenigstens war er das immer gewesen, doch in letzter Zeit war er still und ernst und redete kaum noch mit jemandem ein Wort. Dann hatte sie ihn letzte Woche im Garderobenraum gefunden, wo er weinte.

»Was ist los?«

»Nichts«, hatte er geknurrt.

»Blödsinn.« Victoria liebte klare Worte. »Du sitzt um halb zwölf hier und heulst, also stimmt irgendwas nicht. Bist du krank?«

Sandeep schüttelte den Kopf.

»Na, was ist es dann?« Sie ließ nicht locker.

»Ich darf – ich kann dir das nicht sagen.« Irgendwas in seinen Augen sagte ihr, dass sie nicht weiterfragen durfte.

»Na gut. Hier – nimm das Papiertaschentuch.« Er hatte es sich geschnappt, sein Gesicht abgewischt und war zum Klassenzimmer gegangen. Dann war er stehen geblieben und hatte sie angeschaut.

»Victoria, du sagst doch nichts…?«

»Nein.« Sie wusste genau, was er meinte. »Ich sag es keinem weiter.«

Als ob sie ihn in ihren Gedanken herbeigezaubert hätte, kam Sandeep über die Auffahrt jetzt auf sie zu.

»Hi, Sandeep«, sagte sie fröhlich. »Alles okay?«

Sandeep nickte. »Heute ist alles okay, danke.«

Spitze, dachte Victoria. Vielleicht war es neulich nichts Ernstes. Ich hoffe das sehr für ihn.

Sandeep mochte Victoria gut leiden. Sie war allgemein beliebt. Er wünschte, er wäre mehr wie sie. Sie blödelte dauernd herum und riss Witze, aber sie tat niemandem weh. Nicht wie Kevin und Matthew, die ihn ständig einen kleinen doofen Mickerling nannten – sogar Sumitha hielt ihn für einen Schwächling. Er verabscheute Prügeleien und er war nicht schlagfertig – ihm fielen immer erst hinterher die guten Antworten ein. Jetzt waren Kevin und Matthew die ganze Zeit hinter ihm her, beschimpften ihn und ärgerten ihn, weil er nicht

119

gern Sport machte. Aber heute würde es nicht so schlimm werden.

Kevin wartete schon bei Sandeeps Spind.

»Na, du kleine braune Ratte, hast du's dabei?« Er war fast zehn Zentimeter größer als Sandeep und sah drohend auf ihn hinunter.

»Ja.« Sandeeps Kehle wurde trocken. Er steckte die Hand in die Tasche und gab Kevin eine Pfundmünze. Kevin sah sie verächtlich an.

»Korrigier mich, wenn ich falsch liege, aber ich sagte zwei Pfund, eins für mich und eins für meinen Kumpel Matthew hier.«

Zögernd gab Sandeep ihm noch eine Münze.

»Gut«, sagte Kevin. »Und nächste Woche das Gleiche wieder, bitte sehr.«

»Das geht nicht. Ich hab nichts mehr.« Das, was er heute Morgen gewagt hatte, würde er so rasch nicht wieder tun.

»Ach, herrjeh!« Matthew krallte eine Hand um Sandeeps Schulter. »Tja, an deiner Stelle würde ich lieber was besorgen. Andernfalls müssen Kevin und ich Maßnahmen ergreifen. Was, Kevin?«

Kevin grinste widerlich und nickte.

Sandeep wurde es schlecht.

»Und denk dran: Lauf zu keinem Lehrer. Erzähl denen nichts. Denn wenn du das machst, ist es aus mit dir. Klar?«

»Klar.« Und Sandeep weinte erst, nachdem sie gegangen waren.

Anona legt ein gutes Wort ein

»Jetzt legen Sie den Kopf etwas zurück, Mrs. Turnbull, und dann haben wir Sie im Nu gewaschen«, blubberte die neue Friseurin im Salon »Haarscharf«, die sich Henna nannte und Haare, Lippen und Fingernägel getreu dem exotischen Namen eingefärbt hatte. »Haben Sie schon Pläne für die Sommerferien gemacht?«

Warum interessieren sich alle Friseure für unsere Freizeit, dachte Ruth und zuckte zusammen, als die Kante des Beckens ihre Kopfhaut berührte. Sie hatte überhaupt keine Lust auf eine Plauderei über Ferien oder irgendwas anderes. Sie war viel zu wütend für Nettigkeiten.

Ruth war stinksauer auf ihren Exmann. Er hatte kein Recht, Laura in die Diskussion über die Scherben ihrer Ehe hineinzuziehen, und noch weniger das Recht, eine Fünfzehnjährige als eine Art Parlamentärin zwischen den Elternteilen zu missbrauchen.

Das Dumme war nur, dass sie nicht wusste, was sie tun sollte. Wenn sie Peter jetzt anrief und ihm ihre Meinung sagte, dann würde er Laura wahrscheinlich die Schuld zuschieben, und falls sie die ganze Angelegenheit einfach ignorierte, dann würde er seine Tochter bedrängen, dass die etwas tun sollte. Sie wollte es auch nicht Melvyn erzählen, denn der würde sofort losstürmen und Kleinholz aus Peter machen, und damit wäre keinem von ihnen gedient.

Und dann war da auch noch diese Geschichte mit der Demo gegen Tierversuche. Melvyn wollte nicht, dass Laura dabei mitmachte, aber er wollte sie auch nicht mit Gewalt davon abhalten. Seiner Meinung nach musste sie selbst herausfinden, was für sie wichtig war, und das konnte niemand an ihrer Stelle tun. Ruth missfiel die Vorstellung, wie ihre Tochter bei Sprechchören mitbrüllte und Transparente schwenkte – ganz egal aus welchem guten Grund auch immer.

»Na, bereitest du dich langsam auf eine traumhafte Entbindung vor, Ruth?« Ruth hob vorsichtig den Kopf und sah Anona Joseph unter einem Handtuchturban auf sie niederlächeln.

»Hallo«, sagte Ruth. »Ich wollte mir die Haare kurz schneiden und eine Dauerwelle machen lassen, weil ich mir nicht vorstellen kann, dass ich in den nächsten Monaten Zeit zum Frisieren haben werde!«

Anona ließ sich in den Nachbarsessel fallen.

»Ich werde rot-braun. Ich will ein völlig neues Aussehen. Übrigens, Laura sieht hübsch aus – ich sah sie neulich bei der Demo vor den Leehampton Labors. Ein tolles Mädchen, du musst sehr stolz auf sie sein.«

Ruth nickte. »Ja – es ist auch nicht so, dass ich nicht gegen diese Tierversuche wäre oder so.« Sie drehte sich zu Anona um. »Was hast du denn da gemacht?«

Daraufhin hielt Anona eine feurige Rede gegen Tierversuche, die zehn Minuten dauerte und Ruth bereuen ließ, dass sie nachgefragt hatte.

»Tja«, sagte sie dann einsichtig, »es wäre ja auch langweilig, wenn wir alle gleich wären. Ich habe Laura gerade verboten, zu anderen Demos zu gehen, besonders nicht zu der in Fettlesham Downs.«

»Hm. Ich glaube, du machst da einen Fehler. Ich finde, das riecht nach autoritärem Gebaren. Du solltest vielmehr stolz sein, dass deine Tochter etwas für ihre Überzeugungen tut und handelt.«

Das stimmt nun auch wieder, dachte Ruth.

»Ich gehe da auch hin – wenn du willst, werde ich auf sie aufpassen, wenn dir das hilft«, bot Anona an.

»Hm…«, Ruth zögerte.

»Du kannst sie nicht für ewig in Watte einwickeln, Ruth«, mahnte Anona. »Du willst doch nicht zu einer zweiten Claire Farrant werden, oder?«

Das ist völlig richtig, dachte Ruth.

»Na ja, solange du darauf achtest, dass ihr nichts passiert.«

»Natürlich werde ich das«, versprach Anona.

Jemmas Mutter

Mrs. Banerjis Gedanken waren meilenweit weg von ihrer Klasse asiatischer Frauen, denen sie die Abfassung eines Geschäftsbriefs auf Englisch beibringen sollte. Sie konnte nur noch an das Geld denken, denn sie war jetzt überzeugt, dass Sandeep es genommen hatte. Warum? Warum sollte er so etwas tun? Es war ja nicht so, dass sie ihn zu knapp gehalten hätten – wenn er etwas brauchte, dann sollte er es sagen, und sie hätten wenigstens darüber reden können.

Rajiv war dafür, Sandeep zu stellen, ihn zu bestrafen und schnurstracks zur Schule zu marschieren, aber Chitrita war sich da nicht so sicher. Bestimmt gab es einen Grund. Sie fand, sie sollte vielleicht erst einmal mit Sumitha sprechen. Am Ende der Unterrichtsstunde kreisten ihre Gedanken noch immer um dieses Problem. Sie lief den Flur des Tagungszentrums entlang und stieß auf Claire Farrant, die gerade aus der Krippe kam und einige Kisten mit Bausteinen schleppte.

»Oh, Chitrita, hallo. Ich hatte gehofft, ich würde dich treffen. Ich wollte mich nach Miss Olive und der Schauspielschule erkundigen. Ich mache mir wegen meiner Jemma große Sorgen.«

Du machst dir wegen deiner Jemma ständig große Sorgen, dachte Chitrita bei sich.

»Was kann ich für dich tun?« Sie hoffte, dass Claire sie nicht zu lange aufhalten würde. Sie musste sich zu irgendeiner Vorgehensweise entschließen, bevor Sandeep aus der Schule nach Hause kam.

»Also, Jemma soll wegen einer Aufführung von ›Great Expectations‹ vorsprechen und ich bin dagegen.« Claire ließ die Kisten auf den Boden fallen. »Einmal sind da die Schularbeiten und dann würde sie immer zu den Proben müssen und zu den Vorstellungen und…«

»Mal langsam«, sagte Chitrita. »Ich dachte, es handelt sich um ein Vorsprechen.«

»Schon, aber Jemma behauptet, Miss Olive wäre sich ganz sicher, dass Jemma die Rolle kriegt. Und als ich dann erfuhr, dass Sumitha das alles aufgegeben hat, habe ich mir natürlich Gedanken gemacht, ob vielleicht mit der Schule irgendwas nicht stimmt und…«

Chitrita holte tief Luft. »Hör mal, Claire, Sumitha hat das nur aufgegeben, weil sie aus dieser Sing-und-Tanz-Phase rausgewachsen ist. Miss Olive ist eine sehr fähige Schauspiellehrerin, aber das ist es eben – sie liebt das Drama. Sie glaubt von ihren Schülern immer nur das Beste und hält sie für die Crème de la crème. Sie überhäuft sie mit Lob und holt so meistens auch das Beste aus ihnen heraus. Aber du musst dir darüber im Klaren sein, dass auch Dutzende von anderen Schauspielschülern sich um diese Rolle bewerben werden. Die Chancen, dass Jemma es gleich beim ersten Anlauf schafft, sind – nimm es mir nicht übel – ziemlich gering.«

»Genau das sagt auch Andrew.« Claire stieß einen Seufzer aus. »Aber Jemma macht so einen selbstsicheren Eindruck und sie wird so schnell erwachsen, weißt du.«

»Hm. Sie ist fast fünfzehn. Dann ist das so«, sagte Chitrita nüchtern.

»Du meinst also, ich soll sie zu dem Vorsprechen gehen lassen?«

»Warum nicht? Wenn sie die Rolle kriegt, dann musst du dich entscheiden. Aber darüber würde ich mir jetzt noch keine grauen Haare wachsen lassen.«

Ginnys große Chance

Am Donnerstagnachmittag stolperte Ginny voll beladen mit Einkaufstüten durch die Haustür, als das Telefon klingelte.

»Hier 554901 – am Apparat Ginny Gee.«

»Hier ist Robin Stapleton – TV-Ost. Ginny, wir haben ein kleines Problem und wir brauchen deine Hilfe.«

»Raus mit der Sprache.« Ginny dachte: Die wollen wahrscheinlich, dass ich noch einen Jubelartikel über eins der anstehenden historischen Dramen schreibe.

Zehn Minuten später legte sie auf und zitterte vor Aufregung. Das konnte ihre große Chance sein. Wenn sie das hinbekam, dann war sie eine gemachte Frau. Geistesabwesend fuhr sie sich mit den Fingern durch die Haare. Bleib ruhig, Ginny, ermahnte sie sich.

»Juhuuu!«, kreischte sie. »Juhuuu! Juhuuu! Juhuuu!«

»Mama?« Chelsea tauchte in der Hintertür auf und

riss beim Anblick ihrer über den Fliesenboden hopsenden Mutter den Mund auf. »Was machst du denn da?«

»Du glaubst es nicht!«, schrie Ginny. »Tessa Tavera – du weißt schon ›Tessas Talk‹ auf TV-Ost –, also, die hat sich bei den Dreharbeiten zu einem Skiferienfilm für ›Die Welt gehört dir‹ das Bein gebrochen und jetzt wollen sie, dass ich diese Woche ihre Samstagtalkshow übernehme. Und wenn das gut läuft, dann soll ich die bis zum Ende der Saison moderieren.« Sie umarmte ihre Tochter aufgeregt.

»Du? Im Fernsehen? Jetzt am Samstag?« Chelseas Augen wurden immer größer.

»Ja, ist das nicht phantastisch?«

Ja, absolut, dachte Chelsea. Jetzt merkt niemand, wenn ich in die *Kippe* gehe. Sie stellte sich ihre Mutter vor, wie sie mit einem Riesendekolletee und knallgelben Leggins ihr Mikro und ihren Busen einem leidgeprüften Zuschauer unter die Nase hielt.

»Mama?«

»Ja?«

»Du wirst dich doch benehmen, ja?«

Victoria – Retterin in der Not

Sumitha ließ sich alle Zeit der Welt beim Abbau des Versuchsapparats. Mr. Sharpe stand neben ihr und sammelte sorgfältig die Erdproben wieder in Plastikbeutel ein.

»Gut, damit wären wir für heute fertig.« Er klebte gerade das letzte Etikett auf.

Geh noch nicht, dachte Sumitha.

126

»Erzählen Sie mir doch noch ein bisschen von der Schule in Phorabadur, Sir!« Alles, wenn er nur noch in ihrer Nähe blieb.

»Tja, also, ich weiß nicht…«, Paul sah auf seine Uhr.

»Sumitha. Sumitha, komm schnell!« Das war Victoria, keuchend und hochrot im Gesicht.

»Ich kann jetzt nicht!« Sumitha sah sie wütend an.

»Was gibt es denn, Victoria?«, fragte Paul.

»Es geht um Sandeep Banerji, Sir, er ist im Garderobenraum und er weint und er –«

»Och, er jammert dauernd über irgendwas«, schimpfte Sumitha voller Wut über die Unterbrechung ihres intimen Geplauders mit Paul.

»Du bist widerlich!« Victoria sah Sumitha verächtlich an. »Er ist dein Bruder, verdammt noch mal!«

»Als ob ich das nicht wüsste.« Sumitha tat so, als ob sie gelangweilt gähnte und warf Paul einen – wie sie hoffte – wissenden Blick zu. »Der muss sich endlich mal zusammenreißen lernen.«

»Sumitha, ich finde das höchst unfair«, erwiderte Mr. Sharpe. »Geh bitte und sieh nach, was los ist.«

Sumitha sah beleidigt drein. »Aber Sir, ich bin hier noch nicht fertig.«

»Dein Bruder blutet und du willst ihm nicht helfen!«, schrie Victoria. »Ich finde dich ekelhaft!«

»Blutet?«, wiederholte Mr. Sharpe. »Komm, wir sehen mal nach.« Und damit rannte er in Richtung Garderobenraum vom siebten Jahrgang davon.

Aber als sie dorthin kamen, war von Sandeep und seinen Sachen nichts zu sehen.

»Na bitte«, verkündete Sumitha zufrieden. »Er ist bestimmt nach Hause gegangen. Dann kann es ja wohl kaum so schlimm sein.«

»Aber geh doch bitte gleich hinter ihm her, ja?«, sagte

Paul. »Damit wir ganz sicher sind. Und, Sumitha?« Er machte eine Pause.

»Ja, Sir?«, sagte sie atemlos.

»Versuch es mal mit ein bisschen mehr Freundlichkeit.« Und damit ging er zum Lehrerzimmer davon.

»Ich komme mit«, verkündete Victoria, schnappte sich ihren Rucksack und wickelte sich einen Schal um.

»Ich weiß gar nicht, warum du so einen Aufstand machst!« Sumitha war immer noch wütend, weil ihr Held ihr versteckte Vorwürfe gemacht hatte. »Es sei denn, dass du aus irgendeinem unerfindlichen Grund in ihn verknallt bist.«

Victoria sah sie zornig an.

»Ich bin nicht in ihn verknallt. Ich mag ihn – er ist mein Freund. Und ich glaube, dass irgendwas überhaupt nicht in Ordnung ist. Aber das ist dir natürlich egal. Du bist viel zu sehr damit beschäftigt, dich bei deinem Pauker einzuschleimen, was?« Und damit marschierte sie vor Sumitha auf den Schulhof.

Sandeep schniefte und rieb sich die Nase. Sie blutete nicht mehr, aber sie tat schrecklich weh, und er wollte nach Hause zu seiner Mutter und mit ihr schmusen und sie sollte ihm sagen, dass alles wieder gut war. Aber es würde nie mehr gut werden. Denn Kevin hatte gesagt, wenn er jemals petzen würde, dann sollte er das büßen. Und Sandeep wusste, was das bedeutete.

Sie hatten ihn verprügelt, weil er kein Geld für sie hatte. Zuerst hatten sie nur ein Pfund jede Woche verlangt, dann wurden es zwei und jetzt sagten sie, er müsste ihnen jeden Tag Geld geben. Wenn er doch nur größer wäre! Er wusste, dass sie ihn ausgekuckt hatten, weil er schmächtig und klein war und sich nicht wehren konnte.

Er bog gerade um die Ecke in die Wellington Road, als Kevin und Matthew hinter der Bushaltestelle auftauchten. »Vergiss bloß nicht die Mäuse, du Saftheini«, pöbelte Matthew.

»Und bloß nichts petzen!«, fügte Kevin hinzu, der drohend auf ihn runtersah und ihn dann in die Hecke schubste.

»Sonst –«, sagte Matthew und trat Sandeep noch mal gegen das Schienbein.

Sandeep schrie: »Hört auf!«, und sie waren so überrascht, weil er mal einen Ton von sich gab, dass sie einen Augenblick mit ihren Quälereien aufhörten. Sandeep riss sich los und rannte, so schnell er konnte, nach Hause.

Und sein Schrei war auch laut genug, dass Sumitha und Victoria ihn hörten, die ein paar hundert Meter hinter ihm waren.

»Schau mal da rüber«, sagte Victoria. »Ich wusste es doch – Kevin Bott und Matthew Barnes. Die haben es also auf ihn abgesehen. Komm schon, schnell!«

„Bist du das, Sandeep?«, rief seine Mutter, als die Hintertür aufgemacht wurde. »Du liebe Güte, mein Kleiner – was hast du denn gemacht?« Sie nahm Sandeeps Gesicht zwischen ihre Hände und betrachtete sorgenvoll seine blutverkrustete Nase.

»Nichts«, murmelte Sandeep. »Ich bin auf dem Schulhof hingefallen.«

»Wieso hat dich dann die Schwester nicht im Krankenzimmer betreut?«, fragte Chitrita ärgerlich. »Also, mal ganz ehrlich, das ist ja wohl unmöglich. Ich werde morgen hingehen und mit ihr reden. Solche Verletzungen muss man doch behandeln!«

»Nein, Mama, bitte, geh nicht in die Schule, bitte, Mama«, stammelte Sandeep. »Es war meine Schuld –

ich bin nicht ins Krankenzimmer gegangen – ich wollte heim.«

»Na gut. Aber nächstes Mal gehst du bitte hin zu ihr.«

Chitrita zog ihn ins Bad und säuberte die Wunden, bevor sie ein Pflaster draufklebte.

»Außerdem«, sie betupfte sanft seine Nase, »möchte ich gern mal mit dir wegen Geld reden.«

Sandeep schluckte.

»Papa und ich vermissen ein paar Pfundmünzen. Weißt du etwas darüber?«

Sandeep schüttelte den Kopf.

»Und ich habe neulich drei Münzen in deinem Schlafzimmer gefunden – also, was bedeutet das?«

»Null Ahnung.«

»Sandeep, ich frage dich jetzt und ich will eine ehrliche Antwort. Hast du aus meinem Portmonee Geld genommen? Hast du aus Papas Schreibtisch Geld genommen?«

»Mama, Mama!«, rief Sumitha drängend von unten.

»Wir reden gleich weiter, Sandeep«, sagte Chitrita grimmig und ging hinaus.

Ihre Tochter stand unten in der Diele, zusammen mit einem kleinen hübschen Mädchen, das ausgesprochen zornig aussah.

»Mama, das ist Victoria. Erzähl es meiner Mutter, Victoria.«

»Mrs. Banerji, ich glaube, also, ich bin mir ziemlich sicher, obwohl ich es nicht ganz genau weiß ...«

»Nun mach schon, Victoria!«, drängte Sumitha.

»Ich glaube, Sandeep wird von zwei Jungen aus dem achten Jahrgang erpresst. Ich weiß nicht genau, warum und wieso, aber ich bin mir da ziemlich sicher. Er war in der letzten Zeit so verändert und so traurig und –« Sie hielt inne, weil ihr ihr Versprechen einfiel, dass sie niemandem was von der Heulerei erzählen würde.

Also das ist es, dachte Chitrita. Aber warum hatte er ihr nichts davon erzählt? Sie war doch seine Mutter, verdammt noch mal.

»Komm rein und setz dich, Victoria«, sagte Chitrita. »Und vielen Dank, dass du es mir gesagt hast. Sumitha, wusstest du was davon?«

Sumitha sah ziemlich beschämt aus. »Ich wusste nur, dass er dauernd am Jammern war«, sagte sie zu ihrer Verteidigung. »Aber ich bin nicht sein Kindermädchen.«

»Nein, du bist seine Schwester!«, fauchte Victoria. »Das war doch ganz klar, dass da was schief lief, aber du warst ja viel zu sehr damit beschäftigt, deinen Pauker anzuschwärmen.«

Sumitha warf ihr einen wütenden Blick zu.

»Doch, warst du«, murmelte Victoria.

»Mama, was ist –«, Sandeep tauchte in der Wohnzimmertür auf und blieb beim Anblick von Victoria wie angewurzelt stehen.

»Sandeep, Victoria hat uns alles erzählt«, sagte seine Mutter leise.

»Aber Victoria, du hattest mir doch versprochen, du hast es mir versprochen…«

Victoria sah ihn unbehaglich an.

»*Davon* habe ich nichts gesagt«, versicherte sie ihm.

»Du hast ein großes Glück, dass du eine Freundin wie Victoria hast.« Seine Mutter legte einen Arm um seine Schultern. »Und mach dir keine Sorgen mehr, wir werden das jetzt in die Hand nehmen.«

»Aber du darfst Kevin und Matthew nichts sagen…«, platzte er heraus. »Sie haben gedroht, sie würden mich zusammenschlagen.«

Chitritas Augen füllten sich angesichts seiner Angst mit Tränen.

»Du brauchst dir keine Sorgen mehr zu machen«, sagte sie. »Jetzt wird alles wieder gut.«

Väter in Not

»Ich bin wieder da!«, rief Barry von der Haustür her.

»Rate mal, was passiert ist!« Ginny kam mit einer grünen Gesichtsmaske in einem scharlachroten Kimono die Treppe heruntergerannt.

»Was denn?«, fragte Barry wenig begeistert.

»Ich soll ›Tessas Talkshow‹ am Samstag moderieren – und vielleicht krieg ich dann auch die Moderation für die nächsten Folgen. Ist das nicht wahnsinnig?«

»Toll.«

»Oh, tut mir Leid, Schatz, ich hab's ganz vergessen: Wie ist es gelaufen? Hast du gewonnen?«

»Ich darf zwar bis zur Sendung nicht darüber reden, aber es ist sowieso alles egal. Nein, ich habe nicht gewonnen.«

Ginny fühlte, wie ihr das Herz sank.

»O Schatz, das tut mir Leid.« Sie wusste nicht, was sie sagen sollte.

»Es braucht dir nicht Leid zu tun. Ich bin offensichtlich nicht gut genug. Eigentlich tauge ich überhaupt nicht viel, was? Ist doch gut, dass wir dich im Rampenlicht stehen haben. Ich geh jetzt baden.«

Und damit schlurfte er todunglücklich nach oben und Ginny stand da, ernüchtert und voller Schuldgefühle.

»So, das ist etwa die Geschichte«, sagte Chitrita abends zu Rajiv. »Sandeep wurde von den Jungen erpresst und brauchte das Geld, um sich freizukaufen.« Sie war kurz vorm Losheulen.

Rajiv legte den Arm um sie. »Was sollen wir nur tun? Ich muss wohl zur Schule gehen. Das arme Kerlchen, was er da durchgemacht hat! Warum hat er bloß nichts gesagt? Uns? Oder Sumitha?«

»Ich denke, er hat es probiert.« Sumitha tauchte in der offenen Tür auf. Sie sah beschämt drein. »Es ist teilweise meine Schuld, Papa – er hat mich immer wieder gefragt, ob er mit mir gehen könnte, und er hat mich um Geld gebeten, aber ich hab ihn nur deshalb aufgezogen. Ich hab mir nie die Mühe gemacht und herausgefunden, weshalb er das tat. Jetzt fühle ich mich ganz miserabel.«

»Ich glaube«, sagte Rajiv nachdenklich, »mir kommt da eine Idee. Vielleicht klappt das.«

Man kann noch so gut planen ...

Der Samstagmorgen sah in einigen Haushalten in Leehampton eine verstärkte Betriebsamkeit.

Melvyn rannte auf der Suche nach irgendwelchen Computerdisketten herum wie von der Tarantel gestochen.

»Es tut mir Leid, Schatz«, sagte er zu Ruth, »aber ich muss ins Büro fahren. Das System ist zusammengebrochen und der alte Tockton ist kurz vorm Durchdrehen.«

Ruth seufzte. »Dann kannst du also nicht mit einkaufen kommen?« Sie dachte müde darüber nach, wie sie die Kartons mit den Lebensmitteln aus dem Einkaufswagen in ihr Auto hieven sollte.

»Nein, aber Laura geht mit, nicht wahr, Laura?«
Laura sah von der Fernsehzeitung auf.

»Ich kann nicht, ich…«, sagte sie und dann schwieg
sie. Sie wollte unbedingt trotz aller Widerstände zu der
Demo, aber sie wollte sich deshalb nicht noch einmal an-
meckern lassen.

»Deine Mutter ist im achten Monat schwanger, verdammt noch mal«, sagte Melvyn. »Da kannst du ihr doch
wenigstens ein bisschen helfen. Ich muss los – bis heute
Nachmittag.« Damit verschwand er.

Laura klatschte die Zeitschrift auf den Tisch.

»Dann gehen wir also, ha?«, sagte sie nicht besonders
liebenswürdig.

»Nein, das ist schon in Ordnung, ich krieg das schon
hin«, sagte ihre Mutter. »Du kannst mit Daniel zu
der Demo gehen. Nicht dass ich davon jetzt begeistert wäre«, fügte sie eilig hinzu, »ich lass dich nur mit,
weil Jons Mutter sagte, sie würde ein Auge auf dich
haben.«

Laura war so außer sich vor Freude, dass sie nicht
mal darauf hinwies, dass sie niemanden brauchte, der
ein Auge auf sie hatte.

»Ich glaube«, sagte ihre Mutter nachdenklich, »dass
du Melvyn lieber nichts davon sagst. Er ist der Meinung, dass ich die erste Frau in der Geschichte der
Menschheit bin, die ein Kind bekommt.«

»Ich sage nichts«, versprach Laura und gab ihrer Mutter einen Kuss.

»Pass gut auf dich auf!«, rief Ruth ihrer sich schnell
entfernenden Tochter nach. Aber Laura hörte nichts
mehr.

»Kommst du mit zum Flughafen, Gran abholen, Jemma,
Schätzchen?«, fragte ihre Mutter, als sie den Kopf zu

Jemmas Tür reinsteckte. »Ihr Flugzeug landet um ein Uhr.«

»Natürlich nicht!«, entrüstete sich Jemma und wedelte mit einer Maskarabürste durch die Luft. »Du weißt doch, ich muss zum Vorsprechen.«

Claire seufzte. Sie hatte dieses blöde Vorsprechen völlig vergessen.

»Na gut«, sagte sie. »Ich bring dich dahin, aber du wirst danach irgendwie allein nach Hause kommen müssen. Ich will mich bei Gran nicht verspäten.«

Jemma zuckte die Achseln. »Du könntest mich auch wieder abholen – dann könnte ich Gran gleich die Neuigkeiten erzählen.«

»Ich finde, dass sie nach einem vierzehnstündigen Flug vielleicht andere Dinge dringender braucht, als in einem Theater rumzustehen und auf dich zu warten.«

»Wie du meinst.«

»Barry! Telefon!« Ginny legte den Hörer auf den Tisch in der Diele und nahm ihren Koffer hoch. »Ich muss los, Schatz«, sagte sie, als ihr Mann in der Türöffnung erschien. »Sehe ich gut aus?«

»Okay.« Barry registrierte Ginnys weißes Bukleekleid, das sich um ihre Hüften spannte und aussah wie ein nicht gebackenes Baiser. »Aber was ist denn in dem Koffer?«

»Ich dachte, ich nehme besser mehrere Klamotten mit – du weißt schon, damit der Produzent sagen kann, was er sich so vorstellt.«

Dann haben die Zuschauer ja noch eine Chance, dachte Barry.

»Viel Glück«, sagte er. »Bis später.«

Er nahm den Hörer auf.

»Barry Gee.«

»Hier spricht Will Zetland«, sagte eine tiefe Stimme mit amerikanischem Akzent. »Sie kennen mich nicht, aber ich würde Ihnen gern einen Vorschlag unterbreiten. Können wir uns mal treffen?«

»Ich fühle mich entsetzlich«, stöhnte Mrs. Joseph und schluckte zwei Löffel Erkältungsmedizin. »Ich leg mich wieder hin.«

»Ich dachte, heute wäre die große Demo.« Henry ließ vor dem Spiegel seine Muskeln spielen.

»Das stimmt, aber ich fühle mich viel zu krank, um aufzustehen«, sagte seine Frau. »Ach, wie dumm, ich hab versprochen, dass ich auf Laura Turnbull aufpasse. Wahrscheinlich sollte ich mal da anrufen.« Sie nahm den Hörer auf und drückte Ruths Nummer ein. Keine Antwort.

»Ich versuch es später noch mal«, murmelte sie und kroch unter die warme Bettdecke.

Im Erdgeschoss blätterte ihr Sohn in der Lokalzeitung. Ich werde Sumitha heute Nachmittag ins Kino einladen und danach zu einer Pizza und dann werden wir hierher kommen und... Er war vor lauter Vorfreude auf das, was dann folgen sollte, ganz kribbelig.

Die einzige Schwierigkeit bestand darin, dass er auf gar keinen Fall seinen Vater in der Nähe haben wollte, wenn er Sumitha nach Hause brachte.

»Was hast du denn heute vor, Papa?«, rief er durch die Tür des Arbeitszimmers.

»Achtzehn Löcher mit Richard Garrett«, erwiderte der. »Dann noch ein paar Bier im Club.«

Toll, dachte Jon.

Nach einem raschen Überschlagen der Kosten für

seine sorgfältig geplante Verführung fügte er hinzu:
»Papa? Kannst du mir einen Zehner leihen?«

Temperamentsausbrüche

Etwa um vier Uhr nachmittags fror Laura entsetzlich,
sie hatte die Nase voll und die Sache hatte ihre Faszination verloren. Sie waren mit einem Minibus vom College quer durch die Stadt gefahren und hatten große
Töne geschwungen, was der Tag wohl so bringen würde.
CurePlan hatte gerade ein neues Medikament gegen
Atemprobleme auf den Markt gebracht und jetzt
machte das Gerücht die Runde, dass es bei einer Reihe
von Tieren getestet worden war. Jemand hatte raus-
gekriegt, dass die Fernsehsendung »Gesundheitsfra-
gen« heute ein Kamerateam zum Labor schicken wollte,
und Gavin Pykett war vor Aufregung ganz außer sich.

»Das ist unsere große Chance«, erklärte er allen, während der Bus durch die Stadt gondelte. »Ich will viel
Lärm, Transparenteschwenken, und setzt euch dann in
vielen Reihen auf die Zufahrtsstraße.«

Nach vier Stunden Sitzblockade hatte Laura nichts
vorzuweisen außer einer roten Nase und einem tauben
Popo. Das Fernsehteam war mittags gekommen, im
Hauptgebäude verschwunden und noch nicht wieder
aufgetaucht. Von Jons Mutter war keine Spur zu sehen
und Daniel hatte fast die ganze Zeit seine Nase in ein
Buch gesteckt. Sogar die Polizisten, die hierher abkom-
mandiert waren, sahen tödlich gelangweilt aus.

»Ich friere«, beklagte sie sich bei Daniel. »Komm, wir
gehen nach Hause.«

»Na super«, blaffte Daniel sie an. »Laura kriegt das Frösteln und die Aktion ist beendet. He, was soll das denn?«

Gerade war ein Kameramann vom Fernsehen aus dem Gebäude gekommen, gefolgt von dem Reporter und zwei Herren in Nadelstreifenanzügen. Sie standen auf dem Vorplatz und führten jetzt vor der Kamera offensichtlich ein Interview.

»Genau!«, brüllte Gavin. »Zeig es ihnen!«

Und plötzlich rannten alle zu dem Zaun, kletterten darüber, schwenkten die Transparente und Schilder, riefen Sprechchöre und liefen, so schnell sie konnten, auf das Kamerateam zu.

»Los, komm!«, rief Daniel und ergriff Lauras Arm. »Das ist es.«

Einige Polizisten hatten sich ins Getümmel gestürzt und rissen die Demonstranten vom Zaun zurück.

»Hier entlang!«, brüllte Daniel und rannte auf die andere Seite des Gebäudes. »Hier durch.« Er holte aus seinem Rucksack einen Bolzenschneider heraus und fing an ein Loch in den Zaun zu schneiden.

»Daniel, das können wir nicht – das dürfen wir doch nicht!«, protestierte Laura. »Das ist gegen das Gesetz.«

»Seit wann ist das denn wichtig?«, knurrte Daniel und zwängte sich durch den Zaun. »Kommst du?«

Laura zögerte. Einige Leute warfen jetzt Steine und andere Geschosse, wieder andere prügelten sich mit den Polizisten. Laura wünschte sich, dass sie nie mitgegangen wäre.

Daniel rannte nun zum Vorderhof, wo der Kameramann seine Aufmerksamkeit von den Managern von *CurePlan* ab- und den Handgreiflichkeiten vor ihm zugewandt hatte.

Laura sah mit Entsetzen, dass Daniel sich auf einen der beiden grauhaarigen Männer stürzte.

»Mörder!«, hörte sie ihn kreischen. Er holte mit der geballten Faust aus.

»Daniel, nicht!« Laura rannte hinter ihm her. Wenn er so weitermachte, würden sie ihn bestimmt festnehmen. Sie musste ihn aufhalten.

Plötzlich war da ein grässlicher Schmerz an ihrer linken Schläfe und sie stürzte. Sie fasste sich an den Kopf und zu ihrem Schrecken sah sie Blut an ihrer Hand. Das Gras vor ihren Augen fing an zu wogen und zu tanzen, es wurde braun, dann schwarz. Dann verlor sie das Bewusstsein.

Sehr große Erwartungen

Auf dem Heimweg von dem Vorsprechen war Jemma richtig high. Sie war klasse gewesen, das wusste sie genau.

Der Regisseur hatte sie dreimal zurückgerufen und sie noch andere Textstellen lesen lassen. Sie sah die Bewunderung in seinen Augen, den gleichen Ausdruck wie bei Rob, wenn er sie für die Rolle abgehört hatte. Der Regisseur hatte sie »Jemma-Darling« genannt und sie wusste, dass die Theaterleute das machten, wenn sie von einem völlig hingerissen waren.

Natürlich war Alexa ebenfalls zurückgerufen worden und auch noch zwei andere Mädchen von der Selby-Drama-Schule. Aber Jemma war sich absolut sicher, dass sie die Rolle kriegen würde.

»Ihr werdet in den nächsten zwei Wochen über eure

Schauspiellehrer von uns Bescheid bekommen«, hatte der Regisseur zum Schluss verkündet. »Das Niveau war sehr hoch – wir danken euch, dass ihr gekommen seid.«

Jetzt würde sie nach Hause flitzen, Rob anrufen und ihn dazu bringen, das heute Abend miteinander irgendwo schön zu feiern. Ich wette, seine Kumpel werden sehr neidisch sein, dass seine Freundin Schauspielerin ist, dachte sie beglückt. Damit habe ich Chelsea und Laura und alle anderen aber ausgestochen.

Jemma machte die Haustür auf und rief: »Ich bin zurück!«

»Komm rein, Schätzelchen«, erwiderte ihre Mutter und Jemma fühlte sich so wunderbar, dass sie nicht mal gegen das Schätzelchen protestierte.

Im Wohnzimmer saß Gran auf dem Sofa und neben ihr ein Mann mit schütterem grauem Haar und sonnenverbrannter Runzelhaut.

»Hi, Gran«, sagte Jemma. »War es eine schöne Reise?«

»Ni hao, Jemma«, sagte Gran. »Das ist Mandarin und heißt so viel wie hallo. Ja, es war wundervoll, beeindruckend, phantastisch. Oh, und das ist Tom – Tom Keen.«

»Hallo«, sagte Jemma. »Gran, ich bin mir ganz sicher, dass ich die Rolle kriegen werde.«

»Welche Rolle, Schatz?«, fragte Gran.

»Die Estella.«

»Welche Estella?«, fragte Gran.

»Mama, hast du Gran etwa nichts von dem Vorsprechen erzählt? Und wie gut ich im Kurs bin? Mama?«

Claire sah Jemma an.

»Nein, Schätzelchen, hab ich nicht.«

»Na, vielen Dank aber auch«, schrie Jemma. »Gran, ich habe –«

»Und der Grund, weshalb ich nichts erzählt habe, ist, dass Gran sehr wichtige Neuigkeiten hat. Viel wichtigere als deine, möchte ich hinzufügen.«

Jemma wollte schon widersprechen und betonen, dass nichts so wichtig war wie ihre absolut sichere baldige Berühmtheit, als Gran den Mund aufmachte.

»Wie ich gerade gesagt habe, Schatz, das ist Tom. Mein Verlobter. Wir wollen in sechs Wochen heiraten.«

Noch mehr Kummer für Jon

Es war alles so einfach gewesen. Ihre Mutter war im Fernsehstudio und ihr Vater hatte plötzlich mitgeteilt, dass er lossausen musste, um sich mit jemandem zu treffen, von dem sie noch nie gehört hatte. Chelsea hatte also massenhaft Zeit, sich für den Abend mit Bex vorzubereiten.

Sie hatte Geld von ihrem Sparbuch abgehoben – was sie eigentlich nicht ohne Absprache tun sollte, aber das war jetzt auch egal – und einen Minirock aus glänzendem orangen Satin gekauft, ein hauchdünnes T-Shirt und eine irre Jacke in Silbermetallic mit Marabufedern. Sie kämmte die Haare hoch, steckte sie mit einem silbrigen Klemmkamm fest und verwandte dann wahnsinnig viel Zeit auf ihr Make-up. Heute Abend würde es toll werden.

Jons Samstag verlief leider nicht so wie geplant. Er und Sumitha hatten sich den letzten Spielberg-Film angeschaut und das hatte einen Riesenspaß gemacht, nur hatte Sumitha ihn leider jedes Mal, wenn er den Arm um sie zu legen versuchte, mit Bedacht zurückgestoßen. Als Äußerstes durfte er ihre Hand halten und die brauchte sie ständig wieder zum Popcornessen.

Dann waren sie in eine Pizzeria gegangen.

»Weißt du«, sagte er, »ich hab dich echt sehr gern.«

»Das ist nett.« Sumitha lächelte. »Ich hab dich auch gern. Kann ich dich um einen Gefallen bitten?«

»Natürlich«, sagte Jon. Alles. Alles.

«Na ja, du bist immerhin ein Junge«, fing sie an.

»Ja.«

»Also, ich habe da… also ich hab da eine Freundin und sie ist total verknallt in einen Typen, aber sie weiß nicht genau, was er ihr gegenüber fühlt. Soll sie ihn einfach direkt danach fragen oder soll sie nichts sagen und abwarten, was passiert?«

Oh, wow!, dachte Jon. Das ist in Wirklichkeit gar keine Freundin. Sie meint sich selbst. Sie liebt mich und fürchtet sich, das zu sagen.

»Oh, sie sollte unbedingt etwas sagen. Zweifellos je eher, desto besser«, brabbelte er.

»Bist du dir da ganz sicher? Ehrlich?«

»Ehrlich!«, bestätigte Jon. »Absolut.«

»Na gut. Dann werde ich… dann werde ich ihr sagen, was sie tun soll.«

Jon wartete.

Nichts geschah.

Ich nehme sie mit zu mir nach Hause, bestimmt sagt sie es mir da, dachte er.

Sie gingen zu ihm nach Hause, aßen Schokokekse und tranken Cola. Sumitha erzählte ihm, dass sie an der Universität in Birmingham Biologie studieren wolle.

»Warum Birmingham?«

»Da hat Paul auch studiert«, sagte Sumitha und hätte sich am liebsten auf die Zunge gebissen.

»Paul?«, schnarrte Jon.

»Mr. Sharpe, unser Biologielehrer«, erklärte Sumitha. »Er ist der absolut unglaublich tollste Mensch, dem du jemals begegnet bist.«

Ich bring ihn um, dachte Jon.

»Wo wir gerade von Biologie sprechen, würdest du mir vielleicht bei etwas helfen?«

»Natürlich.«

»Ich weiß bei meiner vierten Hausaufgabe nicht weiter. Ich hab sie dabei. Kannst du sie dir mal anschauen?«

Sie packte das Biologiebuch aus und legte es auf den Tisch. Jon seufzte. Das war nicht gerade das, was er sich erhofft hatte. Aber so würde sie wenigstens noch ein bisschen länger hier bleiben.

Die Küchentür ging auf und sein Vater kam unter dem Gewicht seiner Golftasche hereingestolpert.

O nein!, dachte Jon. Warum kommt er schon so früh zurück?

»Ach, hallo, Semelda«, strahlte Henry.

»Sumitha«, verbesserte Sumitha.

»Na, was habt ihr beiden Hübschen denn vor, wie ihr da zusammenhockt? Oder sollte ich das lieber nicht fragen?« Henry zwinkerte Jon zu, der sich vor Peinlichkeit wand.

»Jon hilft mir bei einer Biologieaufgabe«, erläuterte Sumitha.

»Ich hätte gar nicht gedacht, dass so ein hübsches kleines Ding wie du sich über solche Sachen den Kopf zerbricht«, sagte Henry.

Sumitha kräuselte die Lippen.

»Ich werde mal Naturwissenschaftlerin«, sagte sie.

»Wirklich? Na so was. Ich dachte, eure Leute arbeiten eher in Restaurants und Gemüseläden und solchen Sachen. Was macht denn dein Vater? Hat er einen Imbiss?«

»Nein, Mr. Joseph, er hat keinen Imbiss. Er ist Radiologe am städtischen Krankenhaus. Und meine Mutter unterrichtet Englisch. Jon, ich muss gehen. Danke für deine Hilfe, aber *mein Vater* wird mir da sicherlich genauso weiterhelfen können. Tschüss.«

Und ohne sich noch einmal umzudrehen, ging sie nach draußen.

»Papa«, sagte Jon. »Du bist einfach zum Kotzen.«

Ärger in der *Kippe*

Die *Kippe* war toll. Die Inneneinrichtung suggerierte den städtischen Müllhaufen: Ölfässer dienten als Tische und abgesägte Baumstümpfe und umgedrehte Mülleimer als Sitzplätze. In einer Ecke gab es einen riesigen künstlichen Müllberg aus Plastik, auf dem sich ein paar Jugendliche lümmelten. Von der Decke hingen Mülleimerdeckel, Kühlerhauben, uralte Rasenmäher, Trockenschleudern und alle möglichen anderen Apparate.

»Du bist also doch gekommen«, war der Kommentar von Fee zum Auftauchen Chelseas. Sie klammerte sich an einen Kerl mit orange-rotem Mohikanerhaarschmuck und einem langen Lederwams. »Spike, das ist Chelsea – eine Freundin von Bex.«

Spike neigte fast unmerklich seinen Kopf, um zu zeigen, dass er zugehört hatte.

»Sex-iiii!« Ein großer, stämmiger Typ mit einem Robin-Williams-Haarschnitt beugte sich zu Chelsea runter und sagte: »Ich heiß Eddie. Willste tanzen?«

Während sie versuchten sich auf der überfüllten Tanzfläche zu bewegen, sah Chelsea sich um. Der Boden

144

war übersät mit leeren Chipstüten und Zigarettenstummeln. (»Das gehört zur Atmosphäre, die putzen hier nie«, erklärte Eddie.) Die meisten Anwesenden waren älter als Chelsea und viele tranken Alkohol. Die Luft war rauchgeschwängert und ihr war etwas unbehaglich zu Mute. Doch Eddie schien ein netter Typ zu sein und sogar Fee schien nichts gegen ihre Anwesenheit zu haben. Auf der Mitte der Tanzfläche presste Eddie sich eng an sie und fing an sie zu küssen. Sie stieß ihn weg. Das ging ja wohl nicht an – sie kannte den Kerl ja kaum.

»Nein, bitte nicht«, schnaubte sie.

»Ach, du meine Güte, ist die Kleine am Ende zickig, ha?«

Chelsea zuckte die Achseln und ging zurück in die Ecke, wo Bex und Fee sich gerade Zigaretten ansteckten.

»Okay, Chel?« Bex grinste. »Willste ne Zippe?«

Chelsea schüttelte den Kopf.

»Wahrscheinlich möchte die Mama nicht, dass ihr kleiner Liebling raucht«, höhnte Fee. Es war also nicht weit her mit der eben bezeigten Freundlichkeit, dachte Chelsea. Sie sah Bex an, damit die ihr helfen sollte.

»Na los, nimm dir eine!«, drängte die. »Alle qualmen.«

»Vielleicht möchtest du lieber was hiervon haben?« Eddie schwenkte eine Hand voll weißer Pillen unter ihrer Nase. Chelsea glotzte.

»Nein, kein Bedarf!«, sagte sie.

»Sind ganz harmlos«, Eddie bot ihr eine an, »ehrlich, du kriegst davon ein irre gutes Gefühl.«

»Bestimmt nicht.«

»Lass sie in Ruhe, Eddie«, sagte Fee. »Sie ist noch ein Baby – sie ist noch zu klein dafür.«

Chelsea hatte mittlerweile genug.

»Ich muss jetzt sowieso los. Tschüss, Bex!«

Damit zwängte sie sich durch die dicht gedrängte Menge raus auf den Gehsteig und lief zur Bushaltestelle weiter oben an der Straße.

Plötzlich hörte sie, wie jemand hinter ihr herkam.

»He, jetzt renn doch nicht weg!« Eddie ergriff ihren Arm. »Ich hab was mit uns vor.« Damit stieß er sie in einen Hauseingang, küsste sie wieder ab und begrapschte mit den Händen ihren Po. Er roch grässlich und Chelsea bekam Angst.

»Lass das!« Sie stieß ihn fort. »Ich will das nicht.«

»Och, nun komm schon. Darauf bist du doch schon den ganzen Abend scharf. Spiel jetzt bloß nicht die prüde kleine Zicke bei mir.«

Er fasste ihr grob in die Haare, zerrte ihren Kopf nach hinten und küsste jetzt ihren Hals. Mit der anderen Hand fummelte er an ihrem BH herum. Chelsea schrie. Dann riss sie das Knie hoch und stieß es in seine Hoden. Und dann rannte sie wie vom Teufel gejagt die Straße hoch, während die Tränen über ihr Gesicht strömten.

Ein Schock für Ruth

»Ich möchte mir Ginny in dieser Talkshow ansehen«, rief Ruth aus der Küche. »Bist du einverstanden, wenn wir vor dem Fernseher essen?«

»Aber klar doch«, sagte Melvyn. »Wo ist Laura?«

»Sie ist mit Freunden unterwegs. Sie müsste jeden Augenblick da sein.«

Eigentlich ist es schon ganz schön spät, überlegte sie.

146

Aber wie sie Anona kannte, hatte die Laura wahrscheinlich hinterher noch auf eine Tasse Tee eingeladen. Ruth und Melvyn setzten sich mit ihren Tellern voll Lasagne vor den Fernseher.

»Und jetzt, bevor ›Tessas Talk‹ beginnt, hat unser Nachrichtenstudio noch einige Neuigkeiten für Sie.«

Andrea Goodson, die Nachrichtensprecherin von TV-Ost erschien auf dem Bildschirm.

»Wir erhalten gerade die Nachricht, dass es vor den CurePlan Labors in Fettlesham Down zu schweren Zusammenstößen zwischen der Polizei und einer Gruppe von Demonstranten kam.«

Ruths Gabel fiel klappernd auf den Teller.

»Sondereinsatzkommandos der Polizei wurden angefordert, um die Demonstranten am Überklettern des Zauns zu hindern, während Dreharbeiten für einen Beitrag des ›Gesundheitsmagazins‹ liefen.«

»Na, was hab ich gesagt?« Melvyn kaute. »Das passiert so oft bei solchen Aktionen. Dem Himmel sei Dank, dass wir Laura diese Meise ausgetrieben haben. Stell dir vor, die wäre in den Tumult reingeraten.«

Aber Ruths Herz klopfte wie wild. Sie wusste, dass Laura dort war. Jetzt kamen Bilder von den Ereignissen.

»Einige Demonstranten wurden festgenommen und zwei Teilnehmer, darunter ein junges Mädchen, erlitten während des Handgemenges Verletzungen und mussten in das Allgemeine Krankenhaus von Leehampton eingeliefert werden. Wir werden Sie...«

»Ach, du lieber Himmel!«, rief Ruth. »Sieh nur! Das ist Laura! Oh, wie furchtbar!«

Die Kamera hatte jetzt zwei Sanitäter im Bild, die ein junges Mädchen in einen Notarztwagen hoben. Als sie zurücktraten, um die Tür zu schließen, konnte man ganz klar Lauras weißes Gesicht mit den geschlossenen Augen erkennen.

Melvyn war blass geworden. Ruth griff nach seinem Arm.

»Was, zum Teufel – okay, ganz ruhig –, ich rufe im Krankenhaus an. Hol deinen Mantel. Meinst du, die Brownings wissen Bescheid?«

Ruth schluchzte so sehr, dass sie nicht antworten konnte.

»Ich lauf schnell rüber und erzähl es ihnen. Mach dir keine Sorgen, Schatz, es ist bestimmt nichts Schlimmes.«

Alexa Browning öffnete die Haustür.

»Ist deine Mutter da?«, fragte Melvyn.

»Nein, sie ist mit meinem Vater weggegangen. Aber Oma ist hier.«

Eine ältere Dame kam mit angsterfülltem Gesichtsausdruck an die Tür. Melvyn räusperte sich. »Wir wollten Ihnen lieber Bescheid sagen – unsere Tochter Laura war heute Nachmittag mit Daniel auf einer Demo…«

Alexas Oma hob eine Hand. »Ich weiß. Deshalb mussten Rodney und Barbara los, zur Polizei. Meinen hitzköpfigen Enkel wieder rausholen. Ach, du meine Güte – das Mädchen im Fernsehen, das war doch nicht –?«

Doch ein Blick auf Melvyns grimmiges Gesicht war Beweis dafür, dass es sich wohl doch um Laura handelte.

»Wir fahren jetzt ins Krankenhaus«, sagte er knapp. »Mit Daniel reden wir später.«

Chelsea sucht Schutz

Chelsea rannte, bis sie vor lauter Seitenstechen nicht mehr weiterkonnte. Sie sah ängstlich zurück, aber von Eddie war nichts zu sehen. Sie fand eine Telefonzelle und rief zu Hause an.

»*Hallo, vielen Dank, dass Sie bei Familie Gee anrufen. Doch leider ist im Augenblick niemand da, deshalb hinterlassen Sie bitte…*«

Na wunderbar. Ihr Vater war offensichtlich noch unterwegs und sie wusste ja, dass ihre Mutter frühestens in einer Stunde nach Hause kommen würde.

»…*eine Nachricht nach dem Pfeifton.*«

»Ich bin's, Chelsea«, dann musste sie weinen. Ein junger Mann vor der Telefonzelle sah sie verwirrt an. Sie legte auf und flüchtete.

Ihr war schlecht. Alles war schief gelaufen. Sie hatte gehofft, es würde ein toller Abend werden und sie würde neue Bekanntschaften machen, aber stattdessen hatte sie sich wie eine dumme Gans benommen. Was war bloß los? Sie hatte es zwar abscheulich gefunden, als Eddie sich so an sie rangemacht hatte, aber eigentlich sollte man mit fünfzehn so ein bisschen Knutscherei doch abkönnen, oder?

Sie wollte in der Dunkelheit nicht nach Hause laufen. Damit könnte sie sich neuen Ärger einhandeln. Sie hätte gern ein Taxi genommen, aber sie hatte nicht genug Geld dabei. Sie musste eben warten, bis ihr Vater wieder zu Hause war, damit er dann den Fahrer bezahlen konnte.

Sie zitterte am ganzen Körper, teils vor Kälte, teils vor lauter Jammer. Auf der anderen Straßenseite sah sie die Leuchtreklame von einem Schnellimbiss. Sie würde einen Kaffee trinken und dann noch mal zu Hause anrufen.

Sie sah in ein Schaufenster, rieb mit einem Taschentuch erfolglos an ihren von Wimperntusche verschmierten Augen herum und betrat dann den Laden.

Demoopfer

Ruth kam es so vor, als ob die Fahrt zum Krankenhaus nie zu Ende ging. Jede Ampel war rot, jeder Kreisel verstopft.

Warum nur hatte sie auf Anona gehört? Warum hatte sie Laura hingehen lassen? Das Fernsehbild hatte gezeigt, dass Laura ziemlich schwer verletzt war.

»Warum zum Teufel musste Laura da überhaupt mitmachen?« Melvyn trommelte mit den Fingern aufs Steuerrad, als sie wiederum in einem Stau stecken geblieben waren. »Ich dachte, sie wollte mit dir einkaufen gehen.«

»Eigentlich«, flüsterte Ruth, »bin ich allein einkaufen gewesen. Ich hab es ihr erlaubt.«

»Du hast was?« Melvyn riss die Augen auf. »Du sollst aber nichts Schweres mehr heben und ich habe Laura ausdrücklich gesagt, dass –«

»Anona Joseph wollte auch mitmachen und sagte, sie würde auf sie aufpassen, deshalb dachte ich, es wäre in Ordnung.«

»Na herrlich! Nun ist Laura also allein im Krankenhaus und der Himmel weiß, was sie für Verletzungen hat und –«

»Schon gut, schon gut, du brauchst nicht weiterzureden!«, schrie Ruth und verkniff sich mit aller Macht das Heulen. »Ich fühl mich schon mies genug, du brauchst nicht noch auf mir rumzuhacken!«

»He, nun reg dich nicht auf – du musst an das Baby denken!«

Er bretterte die Krankenhausauffahrt hoch und hielt vor der Ambulanz.

Sie liefen zur Pforte. »Meine Tochter, Laura Turnbull – sie wurde hier eingeliefert – sie war bei der Fettlesham-Demo –«

»Einen Augenblick, Mrs. Turnbull. Bitte setzen Sie sich doch, ich werde den behandelnden Arzt rufen, damit er –«

»Aber wie geht es ihr? Ist es was Ernsthaftes? Was –«

»Setzen Sie sich doch, der Arzt wird Ihnen gleich alles sagen.« Die Krankenschwester lächelte beschwichtigend.

Wenige Augenblicke später kam eine andere Krankenschwester hereingerauscht, die ein Klemmbrett trug.

»Ich bin Stationsschwester Edith«, sagte sie. »Sie können Laura jetzt sehen. Es geht ihr gut. Sie hatte kurz das Bewusstsein verloren, nachdem sie von einem Stein am Kopf getroffen wurde, aber sie kam sehr schnell wieder zu sich. Wir mussten mit vier Stichen nähen, aber es ist hinter dem Haaransatz und deshalb wird man später kaum was davon sehen.«

»Gott sei Dank«, sagte Ruth und brach in Tränen aus.

Laura lag auf einem Bett in einer durch Vorhänge abgetrennten Kabine. Sie war sehr blass und an ihrer linken Schläfe klebte ein großes Pflaster. Beim Anblick ihrer Mutter fing sie an zu heulen.

»Es war so schrecklich, Mama – wirklich furchtbar.

151

Ich habe versucht Daniel aufzuhalten und dann wurde ich von irgendwas getroffen und jetzt hat die Polizei Daniel festgenommen und –«

Ruth nahm sie fest in die Arme.

»Es ist ja alles wieder gut, meine Süße, es ist alles wieder gut«, murmelte sie. »Wir sind ja da.«

Überraschung auf einem kleinen Bildschirm

Chelsea wärmte ihre Hände an dem Becher mit dem Kaffee und bibberte. Sie war todunglücklich, hatte Angst und fühlte sich von allen im Stich gelassen. Sie wollte gerade ihren Becher leeren und wieder zurück zur Telefonzelle gehen, als sie etwas hörte, was sie überrascht aufblicken ließ.

»*Und jetzt begrüßen wir die Gastgeberin des heutigen Abends – Ginny Gee!*«

Lauter Beifall dröhnte aus dem Fernseher hinten über dem Tresen. Da war plötzlich ihre Mutter und sah in einer sandfarbenen Seidenbluse und zimtfarbener Hose überraschend elegant aus, während sie in die Kamera lächelte.

»*Herzlich willkommen zu ›Tessas Talkshow‹ – doch heute Abend müssen Sie mit mir als Vertretung vorlieb nehmen. Ich hoffe, dass Sie, das Publikum, in die Diskussion eines Themas einsteigen werden, das uns allen am Herzen liegt: Teenager.*«

Na bitte, dachte Chelsea. Das kann ja nett werden.

»Die ist gut, diese Gee«, sagte jemand hinter ihr zu

seinem Begleiter. »Sie macht auch diesen *Seufzerdraht* und schreibt in der Zeitung – echt schlaue Sachen. Meine Frau ist von der ganz angetan.«

Gegen ihren Willen fühlte Chelsea sich geschmeichelt. Sie bestellte noch einen Kaffee und sah weiter zu.

»Chelsea? Alles okay?« Bex ließ sich auf den Platz neben Chelsea fallen. »Ich hab dich überall gesucht.«

Chelsea sah sie an. »Wahrscheinlich denkst du jetzt, ich bin eine ziemliche Niete«, murmelte sie.

Bex schüttelte den Kopf. Sie sah wirklich besorgt aus.

»Ich finde dich toll. Eddie hatte das echt verdient – er versucht es bei jeder auf die Tour. Es tut mir Leid«, fügte sie hinzu.

»Was? Du hast doch nichts gemacht.«

Bex zuckte die Achseln. »Das ist es ja gerade. Ich hab nix gemacht. Wahrscheinlich hätte ich dich warnen sollen – das alles war Fees Idee. Sie meinte, es wäre komisch, wenn du dann dämlich dastehen würdest: Deshalb hat sie das alles organisiert. Sie hat nicht gedacht, dass du dich so wehren würdest. He, ist die in der Glotze nicht deine Mutter?«

Chelsea nickte und sah auf die Mattscheibe. Eine Zuschauerin stellte gerade eine Frage.

»*Haben Sie selber auch Kinder in dem Alter? Und falls Sie welche haben, wie schaffen Sie es dann, mit ihnen eine gute Beziehung hinzukriegen? Wahrscheinlich haben Leute wie Sie eine Lösung für jedes Problem.*«

Chelsea stöhnte innerlich. »Komm, wir gehen«, sagte sie zu Bex.

»Nee, lass doch mal hören, was sie sagt.«

»*Tja, ich habe eine bildhübsche fünfzehnjährige Tochter, einen neunzehnjährigen Sohn und eine Tochter Anfang zwanzig. Natürlich finde ich alle drei wundervoll.*«

»Bloß dass sie Geneva am liebsten hat«, knurrte Chelsea.

Was die Probleme angeht, so kann ich nur sagen, ich wünschte, ich könnte sie alle lösen. Wissen Sie, niemand von uns kennt das Allheilrezept für das Erwachsenwerden. Sehen Sie mich an: Meine jüngste Tochter machte uns eigentlich immer Freude, aber momentan durchläuft sie gerade eine sehr schwierige Phase. Alte Freundschaften sind zerbrochen, sie muss lernen, was Erwachsenwerden bedeutet, und als Krönung muss sie auch noch eine Mutter mitten im Klimakterium ertragen.«

Das Publikum lachte voller Sympathie.

Ich hatte keine Ahnung, dass sie das gemerkt hat, dachte Chelsea überrascht.

»Und wie kommen Sie damit klar?«, insistierte die Fragerin.

»Man kann sie nur weiterhin lieb haben, bedingungslos und ununterbrochen. Auch wenn Sie das Verhalten Ihrer Kinder nicht immer gutheißen können, so müssen Sie ihnen dennoch immer vermitteln, dass Sie für sie da sind.«

»Und wenn sie unhöflich und rebellisch sind und einem das Leben zur Hölle machen? Oder ist Ihre Tochter eine Heilige?«

»Aber ganz und gar nicht.« Ginny lächelte. *»Manchmal treibt sie mich schier zum Wahnsinn, aber wenn ich ehrlich sein soll, dann mache ich das wohl umgekehrt bei ihr auch: Ich trage die falschen Klamotten, sage das Falsche zur falschen Person zur falschen Zeit – ich benehme mich eben wie eine Mutter!«*

Wieder gab es Gelächter.

»Aber trotz all dieser Nerverei weiß ich tief drinnen, dass sie genauso an mir hängt wie ich an ihr. Ich habe

Angst vor dem Tag, wenn sie endlich erwachsen ist und aus dem Haus geht – aber ich will mir darüber jetzt noch keine Gedanken machen.«

»Ich wünschte, meine Mutter wäre auch so«, sagte Bex leise. »Du hast wahnsinniges Schwein.«

»Stimmt.« Chelsea schniefte und hoffte, Bex würde nicht die Tränen in ihren Augen sehen. »Ich geh heim.«

»Chelsea? Wir können doch immer noch Freundinnen sein, ja?«

»Klar.«

»Gut.«

Schock auf der Mattscheibe

Jon lümmelte sich vor dem Fernseher auf dem Sofa. Das war ja ein toller Samstagabend gewesen. Er fand das Benehmen von seinem Vater einfach unmöglich. Sogar seine Mutter war ziemlich schockiert, als er ihr von der Unterhaltung erzählt hatte. Bestimmt hatte er Sumitha jetzt für immer verloren. Obwohl es andererseits mit ihr auch nicht so viel Spaß machte, wie er gehofft hatte. Klugsein war eine Sache, aber sie hatte offensichtlich für einen Witz und etwas Alberei nichts übrig. Vielleicht passten sie einfach nicht zueinander. Vielleicht würde er nie eine Freundin finden. Vielleicht war er einfach ein Spinner.

»Schalt mal die Nachrichten an, Jon. Sei so lieb.« Seine Mutter kam langsam im Bademantel ins Zimmer getapert, in der Hand ein Paket Papiertaschentücher. »Ich möchte wissen, ob sie irgendwas über die Demo bringen.«

155

Zehn Minuten später saß Anona da, den Kopf in die Hände gestützt, von Schuldgefühlen gepeinigt. »Ich hab völlig vergessen Ruth anzurufen«, jammerte sie. »Wenn das Mädchen da eben Laura war, dann wird sie mir das nie verzeihen. Jon, könnte es nicht auch wer anderes gewesen sein?«

Jon antwortete nicht. Er strampelte schon mit seinem Fahrrad den Billing Hill runter zum Allgemeinen Krankenhaus.

Elternpanik

Ginny steckte den Schlüssel in die Haustür. Sie ging wie auf Wolken. Der Regisseur war entzückt gewesen und hatte sie für die nächsten Sendungen engagiert, bis Tessa den Gips wieder abhatte.

»Chelsea! Barry! Ich bin wieder da«, rief sie. Dann sah sie auf dem Tisch in der Diele eine Nachricht.

Liebe Ginny,
ich hoffe, es lief alles gut.
Ich werde erst spät nach Hause
kommen, hoffentlich mit guten
Neuigkeiten. Warte nicht auf mich.
Kuss Barry

Schade, dachte sie. Ich möchte so gern mit jemandem feiern. Sie rannte die Treppe hoch und klopfte an Chelseas Tür.

»Bist du noch wach, Chelsea? Kann ich eben reinkommen?«

Sie machte die Tür auf. Das Zimmer war leer.

Und auch das übrige Haus.

Ginny hatte die ganze Gefühlsskala durchlaufen: Wut, weil ihre Tochter während ihres Hausarrests ohne Erlaubnis weggegangen war, bis zu der traurigen Gewissheit, dass sie entführt, von einem Laster überfahren oder mit Blinddarmdurchbruch ins Krankenhaus eingeliefert worden war.

Der Anrufbeantworter!, dachte sie und ließ die einzige Nachricht darauf abspielen.

»Ich bin's, Chelsea…«

Dem Himmel sei Dank. Ginny wartete. Sie hörte unterdrücktes Schluchzen und dann ein ominöses Klicken. Dann kam nichts mehr.

»Große Güte!«, rief Ginny in das leere Haus und wollte gerade die Polizei anrufen, als Barry nach Hause kam.

»Ginny! Tolle Neuigkeiten! Unsere Schwierigkeiten sind vorbei! Du –«

»Barry – Chelsea ist weg! Da ist nur eine Nachricht auf dem Anrufbeantworter und da sagt sie ›Ich bin's‹, und dann nichts mehr.«

Barry stand mit offenem Mund da. »Was meinst du damit: nichts?«

»Was bedeutet das denn normalerweise?«, fuhr sie ihn an. »Sie hat mit einer Nachricht angefangen und dann war auf einmal die Leitung tot. Oh, Barry, du glaubst doch nicht, dass irgendjemand sie –«

»Jetzt mal ganz ruhig, Schatz. Lass uns mal überlegen. Hast du schon bei Laura angerufen? Bei Sumitha?«

Ginny rief also dort an. Bei Laura ging niemand ran und die Banerjis versicherten ihr, dass sie Chelsea schon seit Wochen nicht mehr gesehen hätten.

»Ich nehme den Wagen und halte nach ihr Ausschau«, sagte Barry. »Du glaubst doch nicht, dass sie trotzdem in diese *Kippe* gegangen ist?«

»Vielleicht. Ich komme mit.«

»Nein, bleib lieber hier, falls sie anruft.«

Aber als sie die Haustür aufmachten, fuhr draußen gerade ein Taxi vor. Chelsea kam herausgekugelt und raste die Auffahrt hoch, direkt in die Arme ihrer Mutter.

»Chelsea, Gott sei Dank – alles in Ordnung?« Ginny hätte vor lauter Erleichterung über das Auftauchen ihrer unbeschädigten Tochter am liebsten losgeheult.

»Tut mir ja so Leid, Mama, ich –« Chelsea musste so sehr schluchzen, dass sie nicht mehr weitersprechen konnte.

Barry bezahlte den Chauffeur und Ginny brachte Chelsea ins Haus.

Zehn Minuten später saßen die drei um den Küchentisch und tranken heißen Kakao.

»Jetzt sag mal, meine Süße, und zwar ganz ehrlich, hat dieser Eddie noch was anderes getan, außer dich zu küssen? Wir sind auch nicht wütend, aber du musst es uns sagen.«

»Nein.« Chelsea schüttelte den Kopf. »Ich hab ihm in die Eier getreten.«

»Gut gemacht«, sagte Barry. »Und diese Pille hast du nicht genommen?«

»Natürlich nicht«, sagte Chelsea entrüstet. »Für wie blöd hältst du mich?«

»Wenn ich den je zwischen die Finger kriege…«, knurrte Barry. »Das ändert nichts daran, dass du bei Hausarrest nicht weggehen durftest«, fügte er streng hinzu. Ehrlich gesagt, war er dermaßen erleichtert darüber, dass sie heil und sicher zu Hause war, dass er seinen Ärger fast vergessen hatte.

»Ich weiß und ich bereue das auch. Ich hatte nur das Gefühl, dass sich niemand was aus mir macht und dass es deshalb eh Wurscht war.«

»Aber Schätzchen, natürlich machen wir uns was aus dir«, sagte Ginny.

»Das weiß ich jetzt. Ich hab die Talkshow gesehen und –«

»Oh, hab ich ja ganz vergessen – wie ist es denn gelaufen?«, fragte Barry.

»Bestens, aber darüber reden wir später. Was wolltest du gerade sagen, Schätzchen?«

»Na ja, ich ging in den Schnellimbiss und da lief gerade deine Sendung, und als dann diese Frau dich nach deinen Kindern fragte, hast du gesagt, dass du mich lieb hast und dass du dich davor graulst, dass ich mal ausziehen werde. Und ich hatte geglaubt, du kannst mich nicht leiden und hast nur Geneva lieb und kannst es gar nicht erwarten, dass du mich endlich los bist«, platzte es aus Chelsea heraus und wieder liefen die Tränen in hellen Strömen.

»Ach, meine Süße – wie konntest du nur so was denken?«, rief Ginny. Was war sie nur für eine Mutter! Wieso hatte Chelsea nicht gewusst, wie viel sie ihr bedeutete?

»Aber Papa hat immer gesagt, er wünschte sich, dass Geneva hier wäre!«

»Das hab ich gesagt?« Barry sah ganz verdutzt aus.

»An dem Abend im *Lorenzo*.«

»Och das, das war doch nur, weil ich dachte, dann wäre es für dich lustiger. Du musst sie doch vermissen – ihr habt euch doch immer so gut verstanden.«

Chelsea nickte. »Tu ich auch.« Zum ersten Mal gestand sie sich das ein.

»Und was noch?«, fragte Ginny sanft.

»Du warst immer so sauer wegen meinem Zimmer und Papa fand meine Klamotten unmöglich und alle meine Freundinnen machten sich nichts mehr aus mir...«

»Hör mal, Schätzchen«, sagte Ginny. »Wir haben dich gern bei uns, schrecklich gern sogar. Manchmal drängeln sich unsere Sorgen und Enttäuschungen und Ängste zwischen uns – das passiert mir auch mit deinem Vater und ihm mit mir. So ist das Leben. Das passiert eben. Ich schaue dich an und sehe ein hinreißendes, bildhübsches Mädchen und ich denke: Hilfe. Bitte, lieber Gott, mach, dass sie nicht auf die schiefe Bahn gerät. Oder dass ihr jemand wehtut. Oder dass sie irgendwas anderes ist als glücklich. Und dann übertreibe ich es auf der anderen Seite und bin die strenge Mutter.«

»Wir haben dich beide sehr, sehr lieb«, sagte Barry. »Wenn ich es mir überlege, dann könnte ich eigentlich das neue Restaurant nach dir nennen: ›Bei Chelsea‹. Klingt hübsch, findest du nicht?«

»Welches neue Restaurant?«, riefen Chelsea und Ginny im Chor.

»Haha, das ist meine kleine Neuigkeit. Ich hatte einen Anruf von einem Mann, Will Zetland, der hat mich im SUPERKOCH gesehen. Er hat gerade das alte Famished-Friar-Restaurant in der Bridge Street gekauft – ihr wisst schon, das, was letztes Frühjahr zugemacht hat – und er möchte, dass ich der neue Manager werde. Er kümmert sich um die kaufmännische Seite und lässt mir freie Hand beim Kochen. Ich bekomme sogar ein Gehalt!« Er zwinkerte Ginny zu.

»Phantastisch!«, schrie Ginny. »Oh, Barry, das freut mich wahnsinnig für dich!« Sie sprang auf und gab ihm einen dicken Kuss.

»Papa, das ist ja genial!«, sagte Chelsea. »Aber finde bitte einen anderen Namen dafür – bitte. Das würde meine Kumpel nur noch mehr vertreiben.«

»Ts, na ja, dann musst du dir eben einen anderen ausdenken«, sagte Ginny und nahm sich vor, bei Gelegenheit mal mit Chelsea über diese Freundschaftsangelegenheiten zu sprechen.

»Was soll das noch mal für ein Schuppen werden?«, fragte Chelsea.

»Na, ein erstklassiges Feinschmeckerrestaurant. Wo wir die Gäste mit den größten Köstlichkeiten überraschen werden.«

»Na, siehst du, da hast du's doch schon!«, sagte Chelsea. »*Omelette Surprise.*«

»Chelsea!« Ihr Vater schloss sie in die Arme. »Du bist ja ein richtiges Überraschungsei! Ja, das ist es!«

Jemma muss die Suppe auslöffeln

»Aber Gran – du kannst doch nicht einfach heiraten!«, rief Jemma schon zum zehnten Mal an diesem Tag.

»Doch, doch, ich meine schon, dass ich das kann«, sagte Gran ruhig. Sie drehte sich zu Tom, der sie bewundernd ansah, und drückte seine Hand. »Ich glaube, wir können das sogar gut, nicht wahr, mein Schatz?«

»Ganz hervorragend«, lächelte Tom. »Und wenn ich

daran denke, dass ich auch gleich dazu noch eine fix und fertige Enkelin zum Verwöhnen kriege.« Er grinste Jemma an, die den Kopf zurückwarf und wegsah.

»Ach, Jemma, Schatz«, fuhr Gran fort. »Ich möchte dich gern als Brautjungfer bei meiner Hochzeit haben – am Samstag, dem vierten April.«

»Oh, das ist aber schade! Wenn es ein Samstag ist, werde ich nicht kommen können – dann habe ich Proben. Estella ist eine sehr wichtige Rolle.«

Sie war ziemlich beleidigt, dass ihre Großmutter sich mehr mit ihrer kommenden Hochzeit beschäftigte als mit der wachsenden Berühmtheit ihrer Enkelin.

»Ich wusste noch gar nicht, dass du die Rolle bekommen hast«, mischte ihre Mutter sich ein, »und falls dem so ist, müssen wir erst noch beschließen, ob du sie überhaupt spielen wirst.«

Jemma hob ungeduldig die Augenbrauen. »Na ja, man hat mir noch nicht ausdrücklich mitgeteilt, dass ich sie gekriegt habe«, gab sie zu. »Aber es ist ziemlich wahrscheinlich – ich war mit Sicherheit die beste Bewerberin.«

Nachdem ihre Großmutter und Tom wieder weg waren, fuhr Jemma ihre Mutter an: »Na, freust du dich nicht?«

»Ich bin entzückt, Schatz – Gran steht alles Glück der Welt zu und –«

»Nicht wegen Gran, wegen mir und meiner Rolle!«, sagte Jemma verärgert.

»Nein, nicht wirklich.«

Jemma starrte ihre Mutter mit offenem Mund an.

»Alles, was dich in eine selbstherrliche, egoistische kleine Trutsche verwandelt, die viel zu sehr mit sich selbst beschäftigt ist, um sich für irgendwen sonst zu freuen, kann mir wohl kaum gefallen«, sagte ihre Mutter. »Und falls du die Rolle bekommst, bin ich überhaupt nicht sicher, ob wir dir erlauben werden, sie auch anzunehmen. *Falls* du sie bekommst.«

Jemma war von diesem unerwarteten Ausbruch so überrumpelt, dass sie ganz vergaß, den Mund zuzumachen. Claire sah sie mit echtem Abscheu an. Und was noch schlimmer war: Sie hatte sie kein einziges Mal Schätzelchen genannt.

Laura erhält eine Medizin

»Ich glaube, Sie können die junge Dame jetzt mit nach Hause nehmen«, der Arzt lächelte und legte eine Hand auf Lauras Schulter. »Und halte dich von Menschenansammlungen fern – wir möchten nicht, dass du in den nächsten Tagen noch mal solch einen Schlag versetzt bekommst. Und jetzt müssen Sie das hier bitte noch unterschreiben…«, und damit wandte er sich Lauras Mutter zu.

»Du denkst bestimmt, dass ich nur das bekommen habe, was ich verdient habe.« Laura sah Melvyn an, während ihre Mutter die Formulare unterschrieb. »Du hattest mir ja gleich verboten, zu der Demo zu gehen.«

»Dein Demonstrieren stört mich nicht, Schatz«, antwortete Melvyn. »Ich bewundere Leute mit Grundsätzen, die sich für Dinge einsetzen, die sie für wichtig halten. Ich finde es aber schrecklich, dass manche Leute meinen, Gewalt wäre die geeignete Möglichkeit, um etwas zu erreichen – wenn jemand anderer Meinung ist als du, dann schlag zu und überlege erst später. Diese Einstellung macht mich krank.«

Laura lächelte matt. »Mach dir keine Sorgen, von jetzt an schreib ich nur noch Bücher.«

»Weißt du, was mit Daniel passiert ist?«, fragte Laura ihre Mutter, während sie durch den Warteraum zum Portal gingen.

»Anscheinend wurde er von der Polizei festgenommen«, sagte Melvyn grimmig. »Mit dem Kerl setz ich mich später noch auseinander.«

»Oh, halt dich da bitte raus!«, bat Laura. »Das macht dann in der ganzen Schule die Runde, wenn Alexa das mitkriegt. Ich hatte genauso viel Schuld wie er – wenn ich nicht versucht hätte ihn aufzuhalten …«

»Du wolltest ihn daran hindern, dass er einen Riesenmist baut«, sagte Melvyn. »Er ist älter als du und hätte es besser wissen sollen.«

Laura seufzte. Sie hätte nie gedacht, dass Daniel so ein Idiot war. Protestieren war die eine Sache, aber Melvyn hatte Recht: Mit Gewalt und Beleidigungen konnte man nichts Vernünftiges erreichen.

»Laura! Laura!« Sie drehte sich um, wobei sie wegen des stechenden Schmerzes in ihrem Kopf zusammenzuckte. Und zwinkerte, zweimal. Vielleicht war der Schlag auf den Kopf schlimmer gewesen, als sie gedacht hatte. Sie hätte schwören können, dass dort beim Pförtner Jon stand.

»Na, Jon, das ist ja eine Überraschung!«, sagte ihre Mutter, als er zu ihnen trat. Also träumte sie doch nicht. »Ach, herrje, war die andere deine Mutter? Wurde sie auch verletzt?«

Jon schüttelte den Kopf. »Sie hat Grippe, deshalb ist sie nicht mitgegangen.« Ruth wollte sich schon über die Verantwortungslosigkeit gewisser Leute auslassen, dann hielt sie sich aber doch zurück. Schließlich war das ja nicht Jons Schuld.

»Geht es dir gut?« Er sah forschend auf Lauras weißes, verpflastertes Gesicht. »Ist was gebrochen? Ich bin sofort gekommen, als ich davon erfuhr.«

Laura schüttelte den Kopf und das tat wieder sehr weh.

»Nein, ich hab nur eine Platzwunde am Kopf – es ist nicht weiter schlimm«, versicherte sie ihm. »Aber woher wusstest du, dass ich hier bin?«

»Ich hab's im Fernsehen gesehen.«

»*Ich* war im Fernsehen?«

»In den Lokalnachrichten. Ich hab echt Panik gekriegt – du sahst so – na ja, ich dachte, dir wäre – da bin ich halt gekommen.«

Er kriegte einen roten Kopf und fummelte an seinem Schal herum.

»Also, wir müssen Laura jetzt heimbringen«, sagte Ruth energisch. Sie hatte gemerkt, dass die Augen ihrer Tochter auf einmal glänzten und dass eine leichte Röte ihr Gesicht überzog, und dachte, sie bekäme vielleicht Fieber.

»Äh, wäre es okay, wenn ich morgen mal vorbeikäme?«, fragte Jon. »Nur um zu fragen, wie's dir geht?«

»Eigentlich soll sie sich ausruhen und…«, begann Ruth.

»Ja«, erwiderte Laura entschlossen, »das wäre toll.«
Es ging ihr schon viel besser.

Lauras alter Traum wird wahr

»Die hab ich dir mitgebracht«, sagte Jon, als er Laura am Sonntagnachmittag besuchte. Er gab ihr eine Schachtel Pralinen.

»Vielen, vielen Dank.« Lauras Magen machte einen Hüpfer und sie hielt das nicht für eine Spätfolge des Unfalls. »Und vielen Dank, dass du gestern gleich gekommen bist. Das war echt nett.«

»Ist schon gut. Das hier habe ich gemacht.« Jon überreichte ihr ein Zeichenblatt mit Karikaturen. »Das ist eine Art Geschichte unserer verschiedenen Zusammentreffen. Mir ist aufgefallen, dass jedes Mal, wenn ich dir begegne, irgendwas fürchterlich schief läuft«, fügte er grinsend hinzu.

Auf der Zeichnung kam Laura auf ihrem Fahrrad den Hügel heruntergezischt – das war schon Monate her –, da lag Laura nach dem Sturz zu Jons Füßen, hier versuchte Laura erfolglos zu zeichnen, und da hatte Laura den Kopf verbunden und sah ziemlich durchgemangelt aus.

»Genial! Anscheinend treffen wir uns immer unter seltsamen Vorzeichen, findest du nicht?« Aber heimlich fand sie, dass es ihr ein paar Kopfschmerzen wert war, Jon mal eine Zeit lang für sich allein zu haben.

»Ja. Hm.« Jon holte tief Luft. »Also, das könnten wir ja auch ändern. Äh, hrm, ich dachte, na ja, irgendwie find ich dich ganz nett und – wollen wir mal was zusammen unternehmen?«

Verdammt, dachte er. Das klang ja ziemlich bescheuert. Wie dämlich kann man eigentlich noch labern?

Laura starrte ihn fassungslos an. Er wusste es, er hatte es in den Sand gesetzt. Er hätte das irgendwie cooler angehen müssen.

»Gern«, sagte Laura.

»Echt?«

»Sehr gern.«

Geburtswehen

»Du klingst ja so fröhlich«, sagte Ruth am Montagmorgen und unterbrach damit Lauras Gesang von »Save the Best Till Last«.

»Bin ich auch.«

»Hat das vielleicht irgendwas mit Jons Besuch gestern Nachmittag zu tun?« Ihre Mutter lächelte.

»Möglich«, gab Laura zu.

»Na, das freut mich aber, dass es dir mal wieder richtig gut geht.« Ruth gab Laura einen Kuss. »Aber ich denke, du solltest heute lieber nicht in die Schule gehen – du bist immer noch etwas blass und die Wunde muss erst noch richtig verheilen.«

»Oh, Mama, mir geht's gut, ehrlich. Mach deshalb keinen Aufstand.« Laura musste einfach in die Schule und es allen erzählen – auch Sumitha –, das mit ihr und Jon. Ihr war, als ginge sie auf Wolken, es stimmte, was immer behauptet wurde: Verliebt sein war das Schönste auf der ganzen Welt.

Sie packte gerade ihr Schulzeug zusammen, als sie aus der Küche einen Schrei hörte.

»Laura! Lau-raaaah!«

Sie raste nach unten zu ihrer Mutter, die sich am

167

Türgriff festklammerte und mit der anderen Hand den Bauch hielt. Auf dem Fußboden war eine Pfütze.

Fruchtwasser.

»Laura – das Baby. Es kommt!« Ruth schnappte nach Luft.

»Aber das ist doch unmöglich – du hast doch gesagt, es kommt erst am zwölften März!«, widersprach Laura.

»Na, anscheinend hat es keinen Kalender da drin«, gab Ruth bissig zurück. »'tschuldigung, Schatz. Ruf bitte Melvyn im Büro an und… aaaah!«

»Setz dich, Mama«, sagte Laura energisch und führte ihre Mutter ins Wohnzimmer. Mit klopfendem Herzen wählte sie Melvyns Nummer.

»Es tut mir Leid, aber Mr. Crouch ist zu unserer Filiale nach Kettleborough gefahren«, sagte die Telefonistin. »Aber vielleicht kann Mr. Leadsom Ihnen weiterhelfen?«

»Nur mit einem Abschlussexamen als Hebamme«, sagte Laura genervt. »Könnten Sie bitte versuchen meinen Stiefvater zu erreichen und ihm sagen, dass seine Frau Wehen hat?«

»Ach, du meine Güte – ja, uhh, natürlich«, sagte das Mädchen. »Sofort.«

Laura ging wieder ins Wohnzimmer.

»Das kann doch nicht wahr sein«, keuchte Ruth. »Diese Wehen – die kommen viel zu rasch.«

»Ich ruf den Krankenwagen«, sagte Laura. »Bitte lass es noch so lange drinnen. Bitte.«

Jetzt sind wir zu viert

»Er ist so winzig!« Laura hielt die Luft an, während sie sich über das Babybett beugte. »Es ist doch alles mit ihm in Ordnung, ja?«

»Die Schwester meinte, es ginge ihm blendend«, sagte Melvyn beruhigend. »Stimmt doch, oder?«, wandte er sich an die Krankenschwester, die gerade den kleinen Schlauch kontrollierte, mit dem das Baby am Tropf hing.

»Es geht ihm hervorragend«, antwortete sie. »Du warst einfach ein bisschen ungeduldig und wolltest endlich geboren werden, nicht wahr, kleiner Mann?«, sagte sie zu dem Baby.

»Die Mutter hatte eine Art Schock, soweit ich weiß«, sagte eine andere Schwester, die sich um einen Winzling im Nachbarbett kümmerte. »Das hat wahrscheinlich vorzeitige Wehen ausgelöst.«

Meine Schuld, dachte Laura. Wenn ich nicht zu der Demonstration gegangen und in der Ambulanz gelandet wäre, hätte Mama nie eine Frühgeburt gehabt. Wenn das Baby stirbt, dann wegen mir.

»Komm, wir gehen hoch und besuchen deine Mutter«, sagte Melvyn.

»Hast du ihn gesehen? Ist er nicht absolut hinreißend?«, fragte Ruth, als Laura ihr einen Kuss gab.

Laura nickte. Und brach in Tränen aus.

»Laura, Süße, was ist denn los?«, fragte ihre Mutter erschrocken. »Du wirst dich an das Baby schon gewöhnen und ich …«

»Mama, ich wollte doch nicht, dass so was passiert«, schluchzte Laura. »Und er sieht so klein aus und da stecken diese ganzen Nadeln in ihm drin und –«

169

»Laura, Schatz, jetzt hör mal zu«, sagte Melvyn rasch. »Er wird sich prima entwickeln. Ehrlich. Die Schwester hat es erklärt. Bei Frühchen ergreifen sie einfach automatisch Vorsichtsmaßnahmen. Er ist ja nur vier Wochen zu früh, das heißt gar nichts. Außerdem haben sie tolle neue Medikamente, die den Babys das Atmen erleichtern. Er wird ein Spitzentyp, glaub mir. Die moderne Medizin vollbringt wahre Wunder.«

Laura wischte sich die Augen. »Ich freue mich so, wenn es Charlie bald richtig gut geht.«

»Charlie?«, fragten Ruth und Melvyn gleichzeitig.

»Na ja.« Laura nahm sich zusammen, die Tränen versiegten.

»Ihr habt doch nicht ernsthaft geglaubt, ich würde zulassen, dass ihr ihn Tarquin nennt, oder? Außerdem habe ich schon seit Monaten immer an ihn als Charlie gedacht. Charles, wenn es ein Junge wird. Charlotte bei einem Mädchen. Charlie.«

Ruth und Melvyn wechselten einen Blick. »Charlie«, überlegte Melvyn. »Klingt nicht schlecht.«

»Charlie«, wiederholte Ruth. »Find ich gut.«

»Dann wäre das also beschlossen«, sagte Laura.

Schlechte Nachrichten für Jemma

Als Laura am Dienstag wieder in die Schule kam, stand sie im Mittelpunkt der Aufmerksamkeit, was niemanden überraschte. Alle ihre Freundinnen hatten von dem Unfall erfahren und sie wollten alle Einzelheiten wissen.

»Ich war dumm«, gestand sie. »Ich dachte, Daniel wäre der große Durchblicker bei Demos und all dem

Kram, dabei wollte er sich in Wirklichkeit bloß prügeln. Meiner Meinung nach hätte er gegen alles protestiert – nur um des Protestierens willen.«

»Was ist mit ihm? Waren seine Eltern sehr sauer über seine Festnahme?«, fragte Jemma.

»Das kannst du wohl glauben. Die Polizei hat ihn nach einer Verwarnung wieder laufen lassen und ich weiß, dass sein Vater ihm für die nächsten sechs Monate die Fahrstunden gestrichen hat.«

»Erzähl mal von dem Baby.« Chelsea wollte schrecklich gern wieder die alten Freundschaftsbande knüpfen.

»Er ist süß«, schwärmte Laura. »Er ist unglaublich winzig, mit klitzekleinen Fingernägeln und einer Knopfnase. Wahrscheinlich«, fügte sie zögernd hinzu, »hast du keine Lust, nach der Schule mit zum Krankenhaus zu kommen, wenn ich ihn besuche? Du bist bestimmt mit Bex verabredet oder so.«

»Ich komm wahnsinnig gern mit«, sagte Chelsea. »Ehrlich.«

»Willst du auch mitkommen, Jemma?«

»Kann leider nicht, zu dumm. Ich hab Schauspielunterricht und ich muss unbedingt hin, weil ich den Probenplan von ›Great Expectations‹ wissen muss.«

»Oh«, sagte Laura. »Machst du da auch mit? Ich dachte, du wärst raus, weil Alexa die Rolle der Estella gekriegt hat.«

Jemma starrte sie fassungslos an. »Was hast du gesagt?«

»Alexa Browning – hab ich das nicht erzählt? Ach so. Als Daniel gestern Abend rüberkam, um sich zu entschuldigen, hat er gesagt, dass Alexa gerade am Telefon erfahren hat, dass sie die Estella spielen wird. Ich dachte erst, er hätte sich geirrt, weil du immer gesagt hast, dass du sie spielen wirst.«

171

Sie sah Jemma fragend an.

»Natürlich irrt er sich da«, keifte Jemma. »Dieses Gör kann unmöglich die Rolle gekriegt haben. Ich war viel, viel besser als sie. Das ist bestimmt ein Irrtum. Ganz bestimmt.«

Sie rannte in Richtung der Telefonkabinen davon.

Chelsea sah Laura an.

»Uuuups!«, sagten sie im Chor.

Sumitha holte tief Luft und ging zu Mr. Sharpes Pult. Sie ließ den Umschlag in sein Ringbuch gleiten. Dann setzte sie sich mit klopfendem Herzen wieder hin und wartete auf den Unterrichtsbeginn.

Babytöne

»Er sieht genauso aus wie du bei deiner Geburt«, sagte Ruth zu Laura, als sie sich am Dienstagabend über Charlies Bettchen beugten. Ruth war bereits entlassen worden, aber Charlie musste noch ein paar Tage in der Abteilung für Frühgeborene bleiben. »Du freust dich, Laura, nicht wahr?«

Laura nickte. »Er ist unheimlich süß. Ich bin ziemlich gern eine große Schwester.«

Sie seufzte.

»Was gibt's denn, Schatz?«, fragte ihre Mutter.

»Ach, ich dachte gerade an Papa. Ich meine, du bist so glücklich und ich wünschte, er wäre es auch. Ich möchte, dass ihr beide glücklich seid.«

Ruth drückte ihr die Hand.

»Ich weiß, meine Süße. Aber du darfst dabei etwas

nicht vergessen. Du trägst nicht die Verantwortung für unser Glück, nicht für seins und nicht für meins. Auch wenn Papa jetzt eine schwierige Zeit durchmacht, darfst du niemals denken, dass du schuld daran wärst. Absolut nicht.«

»Aber ich sollte für ihn erreichen, dass du ihn wieder zurückkommen lässt, und obwohl ich sehe, dass das nie klappen würde, denkt er bestimmt, dass ich mir keine Mühe gegeben habe und...«

Ruth schüttelte den Kopf.

»Nein. Ich habe ihm geschrieben. Einen Brief von mir an ihn. Ich schrieb ihm, wie ich mich fühle, und ich habe ihn gebeten, auf dich nicht wieder solch einen Druck auszuüben. Mach dir keine Sorgen, ich hab ihm auch geschrieben, dass ich weiß, wie lieb du ihn hast.«

Laura war, als ob ihr eine Last von den Schultern genommen wäre.

»Danke, Mama. Du bist echt cool, weißt du das? Oh, kuck mal, Charlie hat gespuckt.«

Sumitha blieb noch so lange im Garderobenraum, bis alle weg waren. Dann ging sie zurück in den Biologiesaal.

Paul saß am Pult und blätterte einen Stapel Hausarbeiten durch. Als sie hereinkam, sah er auf.

»Ach, Sumitha«, fing er an.

»Sir – Paul«, sie schluckte. Sie hatte es getan. Sie hatte es ausgesprochen. »Haben Sie meinen Brief gelesen?«

»Jawohl, Sumitha.« Mr. Sharpe legte die Arbeiten aufs Pult und drehte sich zu ihr um. »Und bevor noch irgendwas gesagt wird – bevor du etwas sagst, das dir irgendwann einmal furchtbar peinlich sein wird, oder bevor ich hier irgendwelche Predigten schwinge und wie so ein Briefkastenonkel vom Dr.-Sommer-Team rumtöne, möchte ich dir das sagen, was du sicherlich tief drinnen längst weißt.«

Sumitha sah ihn erwartungsvoll an. Würde er ihr jetzt sagen, dass sie seine Lieblingsschülerin war, dass er längst wusste, dass sie kein dummes Kind mehr war, dass er …

»Ich bin dein Lehrer, ich bin zwölf Jahre älter als du, und wenn du dir irgendwie einbildest, dass du in mich verliebt bist, dann handelt es sich dabei nur um so eine Schwärmerei. Wenn das brutal klingt, tut es mir Leid, aber es ist die Wahrheit.«

»Nein – nein ich finde, Sie sind toll«, protestierte Sumitha. »Sie sind ein genialer Lehrer.«

»Danke. Aber denk bitte dran, das ist auch schon alles. Dein Lehrer. Weiter nichts. Und jetzt muss ich abschließen. Auf Wiedersehen, Sumitha.«

Jemma macht den Abgang links

Jemma lag quer über ihrem Bett und heulte sich die Seele aus dem Leib. Das war so ungerecht! Wie konnte Alexa Browning mit ihren jämmerlichen zwölf Jahren die Estella spielen und sie, Jemma Farrant, die, wie allgemein bekannt war, über unglaubliches Talent verfügte, einfach übergangen werden? Wie sollte sie jetzt den anderen gegenübertreten?

Sie war sich bei der Rolle so sicher gewesen, dass sie allen Freundinnen erzählt hatte, sie würde ihnen Freikarten besorgen – und jetzt war sie nicht mal die zweite Besetzung.

Niemand begriff, wie schrecklich das war. Als sie Miss Olive angerufen hatte, war deren Kommentar nur gewesen: »Es wird noch viele andere Rollen geben, Jemma, und Alexa sieht nun mal original viktorianisch aus.« Ihre Mutter hatte nur bemerkt: »Das wird dir schon nicht schaden – du wurdest ohnehin schon etwas größenwahnsinnig«, und Gran, die zuerst den Besuch der Schauspielschule so unterstützt hatte, äußerte nur: »Enttäuschung tut den Jungen gut«, eine, wie Jemma fand, ziemlich blöde Bemerkung.

Sogar Rob hatte kein Verständnis gezeigt.

»Es wird noch andere Stücke geben«, hatte er gesagt, als sie am Telefon schluchzte. »Und außerdem heißt das, dass wir öfter zusammen sein und auch mal über was anderes als übers Theater reden können. Du hast in letzter Zeit echt nur noch über diesen Schauspielkram labern können.«

»Du hast ja nicht die geringste Ahnung!«, hatte sie gesagt und den Hörer aufgeknallt.

Aber tief innen drinnen wusste sie genau, was sie am meisten schmerzte. Das war der Umstand, dass sie bei allen rumgetönt hatte, sie würde die Rolle kriegen. Dauernd hatte sie erzählt, wie gut sie sei – aber offensichtlich war sie das doch nicht. Wenn sie es wäre, dann würde jetzt sie an Stelle von Alexa die Estella spielen.

Früher hatte sie mal gedacht, wenn sie kontaktfreudig und selbstbewusst und witzig wäre wie Chelsea, würde sie massenhaft Freunde finden. Tja, sie hatte es versucht. Und jetzt würde ihr wahrscheinlich auf der ganzen weiten Welt keine einzige Freundin mehr bleiben.

Erpresser überführt

»Ich habe gerade deinen Vater in Mr. Todds Büro gehen sehen«, sagte Laura am Mittwochmorgen vor der Schulversammlung zu Sumitha. »Was läuft denn da ab?«

Sumitha nagte an ihrer Lippe. »Bitte sag es keinem weiter, aber es ist wegen Sandeep. Man hat ihn erpresst.«

Laura sah sie entsetzt an. »Das ist ja schrecklich – aber was ist denn passiert?«

»Ich soll eigentlich nicht darüber reden, bis Mr. Todd seine Maßnahmen ergriffen hat. Ich fühl mich nur äußerst mies, weil ich nicht gerafft habe, was da abging. Sandeep leidet schon so lange – und ich habe ihm immer bloß gesagt, er wäre groß genug und sollte selber damit klarkommen.«

»Keine Bange.« Laura legte tröstend den Arm auf Sumithas Schulter. »Dein Vater und Toddy werden es schon wieder hinbiegen.«

»Ich hoffe es sehr«, sagte Sumitha. »Ich hoffe es so sehr.«

Hinter der geschlossenen Tür vom Büro des Direktors standen Matthew Barnes und Kevin Bott mit niedergeschlagenen Augen vor dessen Schreibtisch.

»Dies ist Mr. Banerji«, sagte Mr. Todd. »Der Vater von Sandeep Banerji.«

Kevin wechselte unbehaglich von einem Fuß auf den andern und Matthew biss an seinen Fingernägeln herum.

»Guten Morgen, Matthew. Guten Morgen, Kevin.« Mr. Banerji reichte ihnen höflich die Hand. Beide schüttelten sie ziemlich halbherzig.

176

»Mr. Banerji möchte sich gern kurz mit euch unterhalten«, sagte Mr. Todd.

Die Jungen sahen furchtsam auf.

»Hm«, sagte Rajiv. »Ich nehme an, ihr werdet mich verspotten, mich quälen, Geld fordern und dann, wenn ich dumm genug bin, mich zu wehren, werdet ihr mich schlagen. Tja, die Zeit ist knapp, ihr müsst gleich zur Versammlung, deshalb schlage ich vor, wir bringen das hinter uns.«

Matthew und Kevin sahen ihn entgeistert an.

»Was schaut ihr denn so? Ist das nicht das, was ihr sonst tut?«

Sie schwiegen. Matthew zupfte verlegen an seinem Pullover herum und Kevin kaute an seiner Lippe.

»Habt ihr euch denn nicht meinem Sohn gegenüber so verhalten? Und der ist doch nun wirklich nicht sehr viel anders als ich. Unsere Haut ist nicht weiß, sondern braun. Und wir sind beide Leute, die ein ruhiges Leben lieben – wir mögen keinen Ärger. Weshalb erpresst ihr mich denn jetzt nicht?«

»Och, wir haben das nicht so gemeint – äh, das sollte Spaß sein…«, kam es von Kevin.

»Ach, jetzt begreife ich«, sagte Mr. Banerji. »Kleinere Jungen in dunklen Garderobenecken zu verprügeln und Geld abzuknöpfen, wenn es keiner sieht – das ist also Spaß? Wisst ihr, ihr tut mir beide richtig Leid.«

Die Jungen sahen ihn perplex an.

»Ihr seid überrascht? O ja, ihr tut mir Leid. Denn wenn sich Leute so mies und feige verhalten, muss es ihnen ziemlich dreckig gehen. Ich hoffe, dass ihr, eure Eltern und Mr. Todd damit irgendwie klarkommt, denn mir wäre der Gedanke unerträglich, dass irgendwer – ihr eingeschlossen – so unglücklich durchs Leben geht, wie ihr meinen Sohn gemacht habt. Das ist alles, was ich zu sagen habe. Was jetzt geschieht, ist Mr. Todds Angelegenheit.«

Der Direktor stand auf.

»Die Angelegenheit von mir und vom achten Jahrgang«, ergänzte er. »Die Klassen werden sich nächste Woche in den Verfügungsstunden mal mit dem Thema Erpressung beschäftigen und sich Strafen für die Übeltäter überlegen. Wir werden versuchen das alles zu erklären. Vielen Dank für Ihr Kommen, Mr. Banerji. Das war sehr freundlich von Ihnen.«

Sumitha holte ihren Vater ein, als er das Gebäude gerade verlassen wollte.

»Papa, wie war es? Hast du eine Lösung gefunden?«

Ihr Vater lächelte ironisch. »Eine Lösung? Na, mit etwas Glück werden Kevin und Matthew einen Schubs kriegen, damit sie merken, was für einen Mist sie gebaut haben. Aber unter uns gesagt, das Wichtigste ist die Wiederherstellung von Sandeeps Selbstbewusstsein und Selbstvertrauen.« Er seufzte. »Weißt du, wir alle müssen die Augen für solche Vorfälle offen halten, egal, wie alt wir sind. Und wenn uns so was auffällt, dann müssen wir mutig dazwischengehen. Das Problem war, dass Sandeep Angst hatte, sich jemandem anzuvertrauen, er hätte geradewegs zu mir oder deiner Mutter kommen müssen, oder zu dir – das hätte ihm viel erspart.«

Sumitha nickte. »Wenn ich ihm doch nur zugehört hätte, statt dauernd an ihm rumzumeckern, dann hätte er es mir vielleicht erzählt«, sagte sie traurig.

Eine halbe Stunde später hielt Mr. Todd in der Schulversammlung eine kurze Rede.

»Und jetzt zwei gute Neuigkeiten. Zuerst: Herzliche

Glückwünsche an Alexa Browning aus dem siebten Jahrgang, die in der künftigen Produktion von ›Great Expectations‹ am Royal Theatre die Rolle der Estella spielen wird.« Er machte eine Pause und wartete, bis der Beifall abgeebbt war. Jemma presste die Lippen aufeinander.

»Pech.« Chelsea berührte ihre Schulter. »Aber mach dir nichts draus; es gibt immer ein nächstes Mal. Du hast echt was drauf – das klappt schon noch.«

Jemma sah sie überrascht an. Sie hatte gedacht, Chelsea wäre heimlich erfreut über ihre Niederlage.

»Und Jemma«, flüsterte Chelsea, als der Applaus verklungen war, »können wir nicht wieder Freundinnen sein? Tut mir Leid, dass ich mich wegen der Sache mit Rob und dir so angestellt habe.«

Jemma lächelte. »Ja, gern, du hast mir gefehlt.«

»Du mir auch.«

»Und zu guter Letzt sei es mir gestattet, die Verlobung von Mr. Sharpe und Miss McConnell bekannt zu geben.«

Jetzt schnatterte alles durcheinander und irgendein Frechdachs rief: »Schnelle Arbeit, Sir!« Sumitha schluckte. Paul. Paul würde heiraten. Das war doch nicht möglich. Sie liebte ihn doch so sehr. Wie konnte er eine graue Maus wie Miss McConnell denn gut finden? Wie konnte er bloß?

Na ja, wenn das jetzt so lief, dann würde sie aber in Zukunft keine Donnerstage mehr für seine blöde Biologie-AG opfern.

»Kann Victoria uns besuchen kommen?«, fragte Sandeep abends seine Mutter.

»Das finde ich eine sehr gute Idee«, sagte Chitrita.

»Sandeep ist verknallt«, spottete Sumitha.

Ihre Mutter sah ärgerlich zu ihr hinüber. Sie wollte Sandeeps neu gefundene Selbstsicherheit nicht schon wieder angekratzt sehen.

»Du kannst reden!«, gab Sandeep zurück. »Aber Mr. Sharpe ist ja bald verheiratet, dann brauchst du nicht mehr hinter ihm herlaufen!«

»Verpiss dich!«, knurrte Sumitha, aber sie musste dabei grinsen.

Sandeep streckte ihr die Zunge raus und grinste auch.

Na so was, dachte Chitrita. Hier änderte sich aber Einiges.

Omelette Surprise

Während die Eröffnung von Barrys und Wills neuem Restaurant immer näher rückte, steigerte sich die Spannung im Haus Gee mehr und mehr. Das Vorhaben hatte sehr viel Aufmerksamkeit erregt, auch dank der Aktivitäten Ginnys, die nicht nur die Lokalzeitung dazu brachte, dem *Omelette Surprise* eine dreiviertel Seite zu widmen, sondern auch den Lokalsender überredete, ihr wöchentliches Feinschmeckerjournal aus dessen Küche zu senden.

Als die Handwerker endlich fertig waren, schlug Barry Will Zetland vor, sie sollten am Vorabend der Eröffnung eine private Party geben. Will, der seine Finger in einigen sehr Gewinn bringenden Unternehmen hatte, war gern dazu bereit, als Barry erklärte: »So haben unsere Freunde Gelegenheit zu sehen, was wir tun, und es ist eine gute Generalprobe für das Personal.«

»Können meine Freundinnen auch kommen?«, fragte Chelsea, die überlegt hatte, dass eine Gratismahlzeit eine gute Gelegenheit wäre, alle wieder wie früher zusammenzubringen.

»Natürlich«, sagte ihr Vater. »Am liebsten wäre mir«, fügte er zögernd hinzu, »wenn du und ein paar von deinen Freundinnen auch am Eröffnungsabend kämen und Appetithäppchen, Kanapees und Handzettel verteilen würdet. Aber wenn ihr so was bescheuert findet, dann...« Barry wollte auf keinen Fall den neu gewonnenen Familienfrieden gefährden.

»Das wäre doch super«, sagte Chelsea und dann hatte sie eine Idee. »Papa?«

»Ja, Schätzchen?«

»Kann ich ein bisschen Geld kriegen? Ich hab überhaupt nichts anzuziehen.«

Barry zog seine Brieftasche raus und dachte dabei, dass manche Dinge sich einfach nie änderten.

Chelsea und ihre Mutter machten einen ausgiebigen Einkaufsbummel. Ginny, die erst kürzlich die Wirkung ihrer Hormonkur mit einer Dauerwelle und einer Kastanientönung gefeiert hatte, schmiss das Geld für einen lila Hosenanzug mit einer Weste in höchst aufregendem Bananengelb aus dem Fenster. Chelsea setzte das Geldgeschenk ihres Vaters in ein paar glänzende kupferrote Caprihosen um.

Dann tranken sie Kaffee und aßen Kuchen und hatten einen langen intimen Plausch über Freundschaften und Liebe und den Sinn des Lebens im Allgemeinen.

»Hast du deine Freundin Bex in letzter Zeit mal wieder getroffen?«, fragte Ginny zögernd.

»Nur in der Schule. Sie sagte, sie würde nicht mehr mit Fee und der Truppe rumziehen.«

181

»Ich habe mich gerade gefragt, ob du sie nicht mal zu uns einladen solltest.«

»Aber ich dachte, du magst solche Leute wie sie nicht. Papa hat sich da jedenfalls ganz klar ausgedrückt.«

»Na, du warst ihr wichtig genug, dass sie dir an jenem Abend folgte und nachsah, ob alles in Ordnung war. Nach dem Wenigen, was du über sie erzählt hast, klingt sie nicht gerade nach einem besonders glücklichen Mädchen. Vielleicht könnt ihr euch wirklich noch anfreunden, wenn du nur deshalb deine alten Freundinnen nicht vernachlässigst. Kannst du dich noch an Omis alten Schlager erinnern? ›Ein Freund, ein guter Freund, das ist das Schönste…‹«

»›…was es gibt auf der Welt.‹« Chelsea grinste. »Ich weiß – Jemma kommt mich morgen nach der Schule besuchen. Zwischen uns ist wieder alles gut. Man sollte wegen eines Kerls keine Freundin verlieren.«

Ginny lächelte. »Du lernst schnell.«

Das Leben in Lauras Zuhause war ein bisschen hektisch.

»Wann wird dieses Baby endlich lernen, dass man nachts schläft und tagsüber wach ist?« Laura gähnte. Es war drei Uhr morgens und Charlie gab ganz klare Signale, dass er jetzt was zu essen brauchte, und zwar sofort.

»Na, komm, er ist doch erst drei Wochen alt«, protestierte Ruth, die sich anschickte ihn zu stillen.

»Jon will ihn zeichnen – aber nur, wenn er mal mit dem Brüllen aufhört.«

»Es klappt gut mit euch beiden, hm?«

Laura antwortete lieber nicht, weil sie das Schicksal nicht herausfordern wollte. Sie beugte sich über Charlie und kitzelte ihn an den Zehen.

Er verzog den Mund.

»Mama, Mama – er hat mich angelächelt!«, schrie Laura.

»Beruhige dich, Schatz«, sagte ihre Mutter. »Sie lächeln erst ab sechs Wochen.«

»Nein, er hat gegrinst! Er ist offensichtlich frühreif. Er hat den Grips seiner Schwester geerbt.«

Ruth lächelte. Anscheinend hatte Charlie einen Fan fürs Leben gefunden.

»Jemma! Telefon!«, rief Claire.

Jemma polterte nach unten und grapschte den Hörer.

»Rob? Oh, oh, entschuldigen Sie bitte, Miss Olive. Wie bitte? Ja. Was, ich? Ehrlich? Im Sommer? Oh, superaffengeil! Danke schön! Tausend Dank. Ja, bis Samstag. Auf Wiedersehen!«

Sie warf den Hörer auf den Apparat und raste in die Küche.

»Mama! Mama! Das errätst du nie! Das war Miss Olive und Jack Huntley, das ist der Regisseur von ›Great Expectations‹ – der, also, er hat gerade –«

»Jemma, Jemma, nur die Ruhe. Ich kann ja kein Wort verstehen!«

Claire lachte.

Jemma holte tief Luft. »Der Regisseur von ›Great Expectations‹ will auch ›Cider with Rosie‹ inszenieren. Und ich soll die Marjorie spielen! Das ist eine tolle Rolle – ich darf doch, Mama, ja?«

»Hm…«

»Bitte!«

»Und du benimmst dich uns gegenüber auch nicht mehr so egoistisch und hochnäsig?« Claire sah sie ernst an.

»Ich versprech's.«

»Sumitha, kann ich dir mal was sagen?« Victoria Morrant hatte am Schultor auf Sumitha gewartet.

»Ja, natürlich. Mit Sandeep ist doch alles in Ordnung, oder? Es gibt doch keinen neuen Ärger?«

Victoria schüttelte den Kopf. »Nö, dem geht's gut. Ich warte nur auf das Ende von seinem Fußballtraining, weil er mich zu euch nach Hause eingeladen hat. Deshalb wollte ich dir noch sagen, es tut mir Leid, dass ich neulich so wütend war und dich angebrüllt habe. Ich weiß ja, es war nicht deine Schuld, aber ich hab mir solche Sorgen gemacht und wusste nicht weiter und –«

»He, he, mach mal 'n Punkt! Wenn sich hier jemand entschuldigt, dann ich. Ich war so mit mir selbst beschäftigt, dass ich gar nichts von meinem Bruder mitgekriegt habe. Ich meine, er kann ja manchmal ein echtes Ekel sein, aber da hätte ich merken müssen, dass was schief lief. Ich bin nur froh, dass du es mitgekriegt hast.«

Sandeep kam angerannt, rot im Gesicht und keuchend.

»Hi, Victoria. Äh, Sumitha, du willst doch nicht etwa mit uns zusammen gehen? Kommt nicht in Frage!«

Sumitha grinste. »Die Retourkutsche hatte ich verdient.«

Nachtisch

»Ich habe eine geniale Idee!«, begeisterte sich Barry am Morgen des Eröffnungstages.

»Könntest du dabei bitte leise sein?«, bat Ginny, die noch an den Nachwirkungen des Champagners von der Party des gestrigen Abends litt.

»Hör mal, Chelsea«, er kümmerte sich gar nicht um seine Frau. »Meinst du, deine Freundinnen und du könnten sich heute Abend mit Baskenmützen und gestreiften T-Shirts kostümieren? Du weißt schon, wie in dieser Fernsehsendung für Leute, die Französisch lernen wollen?«

Chelsea warf ihrem Vater einen verächtlichen Blick zu. »Papa, jetzt hör aber auf! Das ist ja so was von abgeschmackt! Total bescheuert.«

»Oh«, sagte Barry.

»Außerdem«, fuhr sie fort, »habe ich neue Caprihosen und Laura ganz irre ausgestellte Jeans aus Satin und Jemma meint, sie kann ihre Mutter rumkriegen, dass die ihr so einen flauschigen Angorapulli kauft, weil sie ihr sagen wird, dass man darin keine Erkältung kriegt.«

»Na gut.« Barry stöhnte. »Selbst wenn das Restaurant Pleite macht, haben wir die Bekleidungsindustrie aber gewaltig unterstützt.«

Chelsea kicherte. »Das macht nicht Pleite, Papa«, sagte sie tröstend. »Alle haben gesagt, das Essen war absolut spitze – und du weißt ja, Jemmas Gran will im *Omelette Surprise* ihr Hochzeitsessen geben. He, vielleicht kommt sogar Wolfram Siebeck und schreibt was darüber.«

»Da sei der Himmel vor«, sagte Barry trocken.

Später am Nachmittag halfen Chelsea und Laura im *Omelette Surprise* beim Tischdecken. Ginny fabrizierte irgendwelche exotische Dekorationen mit Lilien und einer Ladung Treibholz und Barry zischte ständig zwischen Speiseraum und Küche hin und her, sein Gesicht wurde immer röter und er murmelte ununterbrochen »Tomaten mit Mozzarella, karamelisierte Orangen, Paprika für das Soufflee ...« vor sich hin.

Als sie die letzte Serviette gefaltet hatten, gähnte Laura einmal nachdrücklich und ließ sich auf den nächsten Stuhl fallen.

»Du bist doch nicht schon müde, Laura?« Ginny rammte gerade eine Lilie in eine Messingvase.

»Das ist wegen Charlie«, erklärte Laura. »Jeden Morgen um drei brüllt er wie am Spieß und weckt mich auf. Dann nicke ich ein und um sechs geht es wieder los. Man könnte doch eigentlich denken, dass die moderne Medizin eine Milchpille für Babys erfinden könnte, die sich ganz langsam auflöst und sie immer satt hält!«

»Bleib doch übers Wochenende bei uns«, schlug Chelsea vor. »Das ist kein Problem, nicht, Mama?«

»Natürlich geht das – warum springst du nicht rasch ins Büro und rufst deine Mutter an?«

»Super – danke, Mrs. Gee.«

Während Laura telefonierte, ging Chelsea in die Küche, um zu sehen, wie ihr Vater klarkam. Er war nirgends zu sehen und Chelsea schlenderte rüber zu den Herden und steckte ihren Finger in eine Kasserolle, in der eine Soße blubberte.

»Mmmm, lecker«, murmelte sie.

»Gnädige Frau sind zu freundlich!«

Chelsea zuckte zusammen und drehte sich um.

Da stand mit einem Holzlöffel in der einen und einer Aubergine in der anderen Hand der bestaussehende Typ, den die Welt je erblickt hatte.

»Hi, ich heiße Tom und bin der Neffe vom alten Will.« Er legte die Aubergine hin und gab ihr die Hand. »Ich bin der Souschef von deinem Vater – also, eigentlich bin ich Praktikant, aber Souschef klingt viel besser. Mein Onkel behauptet, der Job hier wäre eine gute Erfahrung für einen zukünftigen Hotelfachmann.«

»Hi«, murmelte Chelsea. »Ich bin Chelsea – Barrys Tochter.«

»Toll – dann bist du diejenige, die hier als Aushilfskraft arbeiten soll?« Er strahlte sie an.

»Ja, klar.« Chelsea wusste genau, dass sie mit Tom als Piloten auch einen Ausflug zum Mars machen würde.

»Hör mal, könntest du mir einen Gefallen tun?«, fragte er. »Kannst du mal eben diese Pilze schnippeln? Ich bin ein bisschen spät dran und dein Vater ist ein erbarmungsloser Boss!«

Während sie schnippelte, erfuhr Chelsea, dass Tom bei seinem Onkel wohnte, niemanden in Leehampton kannte und keine feste Freundin hatte.

»Hättest du vielleicht Lust, morgen was mit mir zu unternehmen?«, fragte er. »Ich hab nämlich nur sonntags frei. Wir könnten uns einen Film anschauen.«

Ja, dachte Chelsea und landete wieder auf der Erde.

»Zu blöd«, sagte sie. »Aber ich hab dieses Wochenende eine Freundin zu Besuch. Ich kann sie nicht einfach im Stich lassen.«

»Macht nichts, das kriegen wir schon irgendwann gebacken.«

Tom schob eine Hand voll Kräuter in eine Pfanne. »Vielleicht ein anderes Mal?«

»Vielleicht.« Chelsea grinste. »Vielleicht.«

Rosie Rushton arbeitet als Journalistin für verschiedene Zeitungen und verfasst Reportagen für Zeitschriften. Besonders gern schreibt sie über Teenager und Familienbeziehungen. Sie ist Autorin von bisher sechs Jugendbüchern. »Halt dich da raus, Mama!« ist ihr drittes Buch im C. Bertelsmann Jugendbuchverlag. Rosie Rushton lebt in Northamptonshire und hat drei erwachsene Töchter.